我的婚姻在「休假」

[韩]朴是炫 著
权丽娜 译

中国·广州

图书在版编目（CIP）数据

我的婚姻在"休假"/(韩)朴是炫著；权丽娜译. — 广州：广东旅游出版社，2023.6
ISBN 978-7-5570-2778-0

Ⅰ.①我… Ⅱ.①朴…②权… Ⅲ.①婚姻—通俗读物 Ⅳ.①C913.13-49

中国版本图书馆CIP数据核字（2022）第087171号

나는 지금 휴혼 중입니다
Text Copyright © 2018 by Park Si Hyun
All rights reserved.
The simplified Chinese translation is published by RENTIAN WULUSI CULTURE DEVELOPMENT CO., LTD in 2023, by arrangement with EUNHAENG NAMU PUBLISHING CO., LTD. through Rightol Media in Chengdu.
本书中文简体版权经由锐拓传媒取得（copyright@rightol.com）

著作权合同登记号：图字 19-2022-128 号

出 版 人：刘志松
策划编辑：刘 可　崔云彩
责任编辑：龙鸿波
封面设计：扁 舟
版式设计：刘 颖
责任校对：李瑞苑
责任技编：冼志良

我的婚姻在"休假"
WODE HUNYIN ZAI "XIUJIA"

广东旅游出版社出版发行
（广东省广州市荔湾区沙面北街 71 号首、二层）
邮编：510130
电话：020-87347732（总编室）020-87348887（销售热线）
投稿邮箱：2026542779 @ qq.com
印刷：北京金特印刷有限责任公司
地址：北京市石景山区鲁谷路 74 号
开本：880 毫米 ×1230 毫米　32 开
字数：107 千字
印张：6.25
版次：2023 年 6 月第 1 版
印次：2023 年 6 月第 1 次
定价：49.80 元

［版权所有 侵权必究］

本书如有错页倒装等质量问题，请直接与印刷厂联系换书。

目录

序言   1

Part 1 不想一起生活，也无法离婚

2017 年 9 月 3 日 D-24	13
只剩下：三十四岁、已婚、孩子妈妈	19
"闪闪发光"的早晨	25
保证金一百万，月租二十八万	31
结婚－X＝？	41
游离在爱的边缘	49

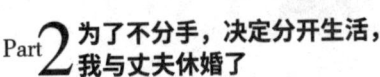

Part 2 为了不分手，决定分开生活，我与丈夫休婚了

左手无名指　　　　　　　　　　　　57

马上搬走也不足为奇　　　　　　　　60

各自的餐桌　　　　　　　　　　　　68

孩子的心理　　　　　　　　　　　　76

与婆婆相遇　　　　　　　　　　　　80

Part 3 休婚 D-50 期中检查

关于事业：重新回到职场的感觉　　　93

关于孩子：想到孩子，我总会心软　　100

对"结婚学期制"进行简明扼要的总结　109

Part 4 时而分开、时而一起，我们的休婚就这样持续着

Gratiae 丛林	115
WHO	119
职场生活 VS 家庭生活	126
单亲家庭	136
生活的感觉又重新出现	146
另一种星期五	151
您的"开关"还好吗	157
夫妻之夜	167
身边	174
青苹果	181
2017 年 9 月 2 日 D-25，"那天"	191
结语	199

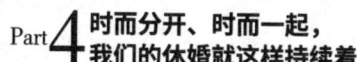

序 言

2013年冬天，我们结婚了。

2014年夏天，我们有了孩子。

2017年秋天，我们休婚了。

不知从什么时候开始，跟丈夫在一起的时光令我很不舒服。晚饭过后，刷完碗筷，准备以放松慵懒的心情迎接一天的结尾，我会坐在长两米、宽一米的原木桌子面前开始写作，这是我最喜欢的空间。与此同时，这对于四岁的孩子而言也

 序言

是段幸福愉快的时光，他可以看自己最喜欢的动画片了。

嘀嘀嘀……

随着密码锁的按键声响起，我的世界瞬间被打破。丈夫进入玄关的同时，我也会慢慢地起身。

"回来了？"

"嗯。"

接过丈夫脱下的外套，服侍丈夫，这些只会是发生在电视剧里的桥段。在现实生活中，丈夫会自己去衣帽间，我也会重新回到座位上盯着电脑屏幕，但是我所有的神经都会集中在丈夫身上。家里并没有人给我使眼色，但我还是会毫无缘由地察言观色。

对于让孩子独自看电视这件事情，丈夫时不时会说我对孩子放任不管。然而，当我和丈夫两个人一起做某些事情时，比如边吃饭边一起看电影或综艺节目的时候，让孩子自己玩手机，这时丈夫却并不会用"放任不管"一词来评价。

丈夫总是认为我给孩子准备的饭菜既没有营养又糟糕。我时常会从商店购买小菜和速食汤包，因为我认为与其在不

擅长的料理领域投入精力、倍感压力，还不如花钱在商店购买，不仅好吃，还省时省力，不管在营养层面还是精神层面都是最优办法。比起妈妈做的小菜，孩子也更喜欢吃从商店购买的，也帮我消除了孩子不吃饭带来的压力。

不过，不能亲自准备饭菜这一点，也让我产生了愧疚心理。丈夫总是会问孩子："吃饭了吗？"这样的问题让我感觉自己就好像是个让孩子饿肚子的妈妈。然而，我们夫妻俩出去吃饭小酌几杯的时候，孩子的饭菜会比任何时候都没有营养，敷衍且糟糕。这时，丈夫平时特有的"敏感"却荡然无存了。

这种模棱两可的标准，让我感觉他真的是"只许州官放火，不许百姓点灯"。

其实我的丈夫在育儿、家庭、事业等各个方面都能做到细致周到、完美无缺。我生孩子的时候，丈夫为了照顾我和儿子，把能请的所有假期都请遍了。他顿顿都给我熬海带汤[①]，孩子打预防针的时候丈夫也是陪在身边的。由于那次的"自行育婴假"，当年的晋升机会就没有落到丈夫身上。尽管如此，丈夫还是认为，与刚出生的儿子一起度过的时光

[①] 韩国习俗，产妇生完孩子应喝海带汤补身体。

 序言

是千金不换的，是最幸福的。

　　正常上班之后，从下班回家到凌晨一两点，都是丈夫在照顾孩子。多亏了丈夫，我才有空小睡一会儿。有时我睡得很熟，没能听见闹钟，导致有那么两三次没有跟丈夫交接班，让他自己一个人整夜未眠照顾孩子，第二天早上再去上班。有些爸爸带孩子外出时甚至都不知道需要携带哪些婴儿用品，但我的丈夫却可以手脚麻利地做好出门的准备。

　　快到周岁时，孩子得了肺炎，那时我们带着孩子急急忙忙住了院。由于太过匆忙，出门时并没有做好住院的准备，为期四天三夜的住院所需要的用品，需要有人回趟家拿过来。丈夫说自己回家取，让我在医院陪着孩子。不过我认为让丈夫一个人准备我和孩子四天三夜所需要的用品太过勉强，执意说自己去，结果还是输给了丈夫。

　　丈夫回来后，我仔仔细细盘点了丈夫两手满满的行李。从此以后，我开始完完全全相信丈夫，因为他不仅带来贴身衣物、外出服、奶粉、奶瓶、尿不湿、薄纱毛巾、乳液等孩子的用品，还带来了我需要的一些东西，如耳机、没读完的书籍、三种基础护肤品、棉签等。我问丈夫为什么带耳机，丈夫说："晚上要是无聊你可以看看电影啊。"听到丈夫的回

答，我暗自点头，确实比我想得还要周到。

随着时间的推移，丈夫的顾家能力越来越出类拔萃，他现在是个准时下班后和我一起参加幼儿园父母授课活动的帅爸爸。

看到这里，大家肯定认为我是一个幸福的女人。毕竟与不顾家的男人相比，我的丈夫做得足够好了。

然而现实中有两类男人：一类是在顾家或养育孩子方面一窍不通，全权交给女人的男人；另一类是在这方面了如指掌，妻子做得不足的部分也能看在眼里的男人。如果能够将这两种风格完美融合在一起，肯定再好不过了，但让人为难的是，现实中我们总是需要在其中做出选择。

就我而言，丈夫如此地顾家，我就感觉自己扮演的角色一直都没能达到丈夫的期待值。丈夫经常说："身为妻子和妈妈，你到底会做什么？"即便给他看不久前的新闻报道："在妻子和妈妈这两个角色的扮演上，女人的精力向其中一边倾斜是在所难免的事情。"丈夫的回答也是意料之中的："**问题是这两个角色，你一个都没有扮演好啊。**"

对于丈夫的"一派胡言"，我进行了激烈的反驳，同时

 序言

在内心深处也开始怀疑自己。难道我真的是在"玩忽职守"吗?从此以后我有了一种习惯,不管在哪种场合,无论对方是谁,我都会问类似这样的问题:

"你认为妻子的职责是什么?"

"你认为自己身为妻子做得好不好?"

大部分人在听到我的问题后都会锁紧眉头,陷入片刻的思考之中。随即而来的是诸如"不太清楚""我好像并没有做什么"的回答,也有些人会反问道:"到底什么是妻子的职责?"然而我也没能回答这个问题。因为从引发这一系列问题的丈夫那里,我也没有得到明确的答案。

我们家并没有凌乱不堪,反而被整理得非常整洁。我也不喜欢将使用过的餐具堆成山,因此每次吃完饭后我都会立即刷碗。每天晚上我都会给孩子做晚饭,孩子在睡觉前我也会给他读五本以上的故事书。幼儿园园长在看完我和孩子相处的视频后反馈:"妈妈与孩子之间的感情构建得非常好。"儿子也在逐渐成长为活泼可爱、关爱他人、人见人爱的孩子,这不就是妈妈的职责吗?丈夫期望的"妈妈角色"到底是以什么为标准的?

我通过一件小小的事情找到了答案的线索。

某个星期六，我和孩子早先约好出去吃午饭。然而一家人都睡过了头，醒来之后我开始急急忙忙地做出门的准备。虽然一个半小时后会吃午饭，但是我怕孩子在路上喊肚子饿，就给他准备了牛奶泡麦片。

在那之后的某一天，我们夫妻俩发生争吵，丈夫吼了一句："早上就让孩子喝牛奶泡麦片，你还有资格说自己是孩子的妈妈吗？"

给孩子喝牛奶泡麦片都能衍生出妈妈的"资格"问题，至于吗？更令人郁闷的是，那天是我从孩子出生以来第一次给他喝牛奶泡麦片。之后，对我而言，丈夫说的这句话变成一个重要的指示。我开始觉得，丈夫心里拥有一个坚固的"框架"，在他眼里我永远会是一个不称职的妻子兼孩子的妈妈。终究，丈夫的存在本身成为我的负担，让我时不时地察言观色。密码锁的按键声都能令我坐立不安、心烦意乱。两个人在一个空间里生活，也令我感到心里不舒服。

有一天，丈夫对我说道："**即使一起有说有笑，也总感觉心里很空虚。**"

 序言

对此我竟不知道该说什么好,因为我的感觉也是如此。

家里的氛围变得阴沉压抑。在这样的氛围下,我俩的观点经常发生碰撞,前文提到的那天就可以说是针锋相对、大吵大闹的一天。刚开始,当我们吵架时,孩子也会哭哭啼啼,过来要求抱一抱,试着用短短的语句劝架,但是后来,孩子的这些行为也逐渐减少了,就好像意识到自己的介入并没有任何作用。

回想起我们的最后一次争吵,当时,孩子躺在自己的床上静静地看着我们俩,没有过来抱抱,没有哭闹,也没有劝架。长时间的唇枪舌剑后,我们突然意识到孩子太过于安静,于是看向孩子所在的方向——孩子居然睡着了。孩子的反应像是适应了爸爸妈妈频繁的争吵,这一幕着实出乎意料,令我们悲痛欲绝。最后我和丈夫做出了决定——"合乎常理的分手"。

我们决定继续履行身为父母应尽的职责,但是暂时停止履行身为妻子与丈夫的职责与义务,这就意味着我需要经济与生活方面的独立。

没有钱,没有"背景"的已婚女性、孩子妈妈,究竟能否完成从三人家庭到一人家庭的转变,实现独立?夫妻双方

各自生活，同时维持一个家庭正常的功能，这种形式的休婚真的可能吗？分居和休婚的区别到底是什么？为了将孩子受到的情感伤害最小化而决定的休婚，到底能否如我们夫妻所愿对孩子起到相应的作用呢？在休婚关系中，妻子和丈夫的角色将分别意味着什么？与双方父母的关系会变成什么样子？孩子会怎样理解这一家庭形态呢？还有，他人是否能正确理解我们的意图？休婚的结局将会是怎样的？

本书讲述了一名三十五岁的韩国女人逐渐接近休婚本质的故事。我并没有通过本书来定义休婚，因为就连我也无法预测休婚的结局会是怎样的。对我而言，休婚的意义每天都在改变，昨天是这样，但今天又有所不同，就这样反反复复。

我曾认为，如果分居是离婚的前一阶段，那么休婚便会是复合的前一阶段。就像休学一样，为了继续维持婚姻而决定的休婚，是婚姻延长线的一部分。

丈夫说，他认为我们的休婚短则一年，长则两年。我做出这种决定，也是相信它会是一个"能够恢复良好关系的必要阶段"。我依旧戴着婚戒，每天跟丈夫通电话，工作上遇到困难我也会跟丈夫讨论，我依旧称呼丈夫为"老公"，也会继续从丈夫那里获得情感上的支持。我们还计划着一家人

 序言

的踏青，安排一家人一起出游。不过我们断开了与双方父母的交流。我认为最理想的休婚是与双方父母维持着自然的联系。从这一点来看，目前的休婚状态仍处于未完善的阶段。

然而随着时间的流逝，我也开始产生疑问："休婚真的是复合的前一阶段吗？"如果我们的关系完全恢复原状，就一定要生活在同一个屋檐下吗？"恢复关系＝同居"，完成这一等式才能算得上是最好的结局吗？只有最终复合才能被认为是成功的休婚吗？对孩子而言，如果父母的关系亲密无间，却不住在一起，会对他产生什么样的影响呢？"同居"只是居住形态，说不定"关系"才是其中的本质。

这并不是一本建议大家休婚的书，也不是阻止大家休婚的书。丈夫的角色，对我而言既存在又不存在；我们之间纠结的关系，既是已婚，又好像没有结婚。如果将这些总结为"休婚日记"会如何呢？休婚以后，原以为每晚我都会想念儿子，用眼泪浸湿枕头，不过事实并非如此。原以为我会狠下心迫切地找工作，但也没有。所有事情的发展方向都与我的预期不一样。希望通过本书，你能了解到不一样的婚姻形态，可以自己想象一段只属于你自己的婚姻，而不只是符合社会标准的婚姻。

Part 1

不想一起生活，也无法离婚

2017年9月3日
D-24

丈夫离家出走了。

"戒指你爱卖不卖，自己看着办吧！"他只留下了这样一句话和一枚婚戒……居然抛下我和四岁的儿子离家出走了。然而我并没有产生被背叛的感觉，而是直接将此视为绝婚①宣言。第二天，午饭过后，我和儿子一起回到我的故乡——釜山。从那天开始，我自己的日程安排不再需要征求别人的同意，这一繁杂琐碎的过程在我的人生当中可以就此省略了。

为了与朋友见面，我们并没有直奔娘家，而是先去广安里②。她在举行婚礼前两个月解除婚约。绝婚女和退婚女的

---

① 绝婚：文中指即将离婚时的状态。
② 广安里：位于釜山市沿海地区。

不想一起生活，也无法离婚

相遇，简直悲壮无比。

下午四点，外面下着雨，望着广安里的大海，我和朋友吃起了烤扇贝。我们谈天说地，主题从一开始的烧酒与啤酒的黄金比例，逐渐演变成婚姻的丑恶。昨天绝婚的我，是不是应该告诉还没来得及结婚的朋友一些人生道理呢？毕竟，童话故事往往是以"王子与公主举行了婚礼，他们从此过上幸福的生活"匆匆结尾的，从来都没有提及婚姻的真实面目。

在我高中二年级的时候，父母离婚了。朋友们有时会跟我说："你看起来完全不像是一个父母离婚的孩子。"之后我们兄妹三人都跟父亲一起生活，母亲角色的缺失导致我人生中大大小小的决定全部都由自己做主，比如报考大学、选择专业方向、确定毕业后的求职方向、步入职场、去首尔发展、决定离职、结婚等。这样的生活方式造就坚定不移、坚强自立的我，也让我活出无怨无悔的人生。

知识生态学家刘英万教授也在听完我的过往后表示："是炫在经历了各种各样的磨炼后变得十分明智了。"然而，社会对我的定义在婚姻生活中是行不通的。那个世界与我所认识的完全不一样，那个世界需要的"我"和这个世界需要的

"我"是不一样的。

怀孕初期，有一次我得了重感冒，由于产妇不能吃药，我不得不忍受着咳出肺一般的痛苦，这时丈夫给我泡了杯柠檬茶。怀孕生娃期间，做饭自始至终都是丈夫的专属工作，他怕我在家饿肚子，下班回来就会做一些鸡蛋卷、煎鱼、咸菜等，再放进冰箱里备着。坐月子的时候，他还给我熬了整整一个月的海带汤。在孩子患有轻微咳嗽的时候，丈夫会在他头顶上方放着切好的洋葱，或者在蛋黄里滴一滴香油，再搅拌一点蜂蜜喂给孩子喝。这一切对我来说都是那么的新奇，丈夫的这些无微不至的体贴都是从婆婆那里继承下来的优秀品质。长时间独自生活的我从来都没有享受过这般细心周到的关怀。但是，他的关键词"稳定""照顾"和"关怀"，随着时间的流逝，在我这里逐渐变成"压制""约束"和"强迫"。

在海边，我边给朋友倒酒，边怒火中烧地说道："'老婆，得买皮鞋了。''老婆，家里没有维生素了。'真搞不懂这些琐碎的事情我丈夫为什么都要一一跟我讲？"在丈夫的认知里，互相照顾，甚至提醒对方吃保健品才是真正的一家人，才是真正的爱情。刚开始我也尝试着做这些事情，不过禀性难移。丈夫认为我身为妻子并没有忠于职守，然而我却无法

不想一起生活，也无法离婚

理解一个问题，明明自己最清楚自己需要什么，为什么还想通过别人来解决呢？

丈夫摘下婚戒的那天，在睡觉前，非常不耐烦地喊了一句："关灯！"这样的怒吼只是一种表面现象，其实隐含着本质问题。丈夫连着好几天自己熨烫了衬衫，这肯定令他感到自己并没有得到应有的照料，因此以关灯为借口将不满情绪发泄了出来。我明知问题的症结所在，但仍旧不想见他。他说："有孩子，就不办离婚手续了，各过各的吧。"我也认为这是一个不错的建议，又或许是自己自尊心在作祟，于是便回答："好啊。"这是我们俩的最后一段对话。

在过去的五年时间里，即使是旅游度假，我们都没有吵过一次架。但是一旦牵扯到"家"，我们之间就会充满紧张感，且彼此会看着对方的眼色行事，甚至在家里走来走去这件事情都会令彼此烦躁。两个人处在同一个空间里，也令我感到很不舒服。但是一旦出门，我们的关系就很好，有时我甚至觉得还不如直接在外过露营生活。

我无法理解婚姻的体系，它赋予我"妻子"的角色，同时也带给了我一堆事情。我从来都会将自己穿的衣服整理得干净利落，那么至少丈夫自己穿的衬衫是不是应该由他自己来熨烫呢？我给丈夫熨烫衬衫是我对他的"关爱"，而不是"义务"。就像是在有授课的日子里，我也从来都不会期待丈夫给我擦高跟鞋或将西裤预约干洗。我认为结婚也需要保证彼此角色的平等。归根结底我下了这样一个并不稀奇的结论——婚姻的体系不适合我。

我向往着休婚。它是我和丈夫能够各回各家，但在情感和职能方面依旧是夫妻关系的那种婚姻状态；它是我俩在维持各自生活方式的同时，彼此好奇着对方是否过得好，也非常期待在一起约会的那种生活；它以健康的夫妻关系为根本。

今天去妈妈家，明天去爸爸家，后天我们一家人一起玩……如果可以像这样随心所欲地选择，孩子会不会觉得有意思呢？比如，"今天的我更适合去妈妈家里""周末是我们一家人约定一起出去玩的日子"，我希望这种周末的"郊游"将成为生活的原动力，使我们各自开开心心地过好平日里的每一天。

当然，这种想法我不能说出口。因为我知道，就算我以开玩笑的方式跟丈夫说，他肯定会这样训我："你果真是一个只顾着自己的女人，不顾家，真自私！"

对我来说，促进正能量循环的方式是"既独立，又在一起"，

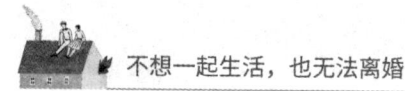

不想一起生活，也无法离婚

然而对丈夫来说是"一直在一起"。如果强行存在于我们之间的婚姻框架消失，那么我们的关系会不会有所变化呢？没有了"妻子"这一头衔，又会怎么样呢？

十天后，我回到了家，依旧跟丈夫你争我斗。我去了图书馆，阅览着关于结婚、卒婚[①]、女人的人生等书籍，浑然不知时间已经到了下午六点。我赶着去便利店喝杯啤酒，天空却骤然下起雨。我也不清楚到底过了多长时间，回过神时发现雨早已经停了，只有我茫然不知地站在那里。仰望天空，居然有一道彩虹呈半圆形横跨天际。在我像个孩子一样边走边往后扭头看彩虹的时候，远远地发现了一个熟悉的身影——原来是丈夫。就像在同一家公司上班的情侣分手后第二天在公司里偶遇一样，随着我们的距离越来越近，我尴尬得浑身不自在。终于，丈夫走到我的面前，我不由自主地举起手指向彩虹，问道："彩虹，你看见了吗？"丈夫仰望天空，嘴角带着淡淡的微笑，那是只有我看得出来的微笑。直觉告诉我，为期十天的绝婚结束了。

[①] 卒婚：指在晚年分开居住的婚姻关系，多出现在已经退休、孩子也已长大成人的老年夫妻中。

只剩下：
三十四岁、已婚、孩子妈妈

引起休婚的根源是些极其琐碎的小事，但其过程是如此的丑陋、痛苦、惨淡。一起看彩虹的那天，我们一边喝酒一边袒露了"对彼此的期望"。我也发誓，一定会努力满足他的需求。但是，我们之间价值观的矛盾是极其尖锐的，导致彼此在婚后生活中备受折磨。原来，价值观的不同比"难以信守承诺"更让人无法承受。

没过多久，我们又吵架了，这次甚至惊动了警察。自此之后，我悲痛欲绝，天天烂醉如泥；有的时候甚至觉得爱怎么样就怎么样吧，想要放弃挣扎。我们越过了"协议离婚"，头也不回地直奔极端的"离婚诉讼"之后，终于选择在"休婚"

不想一起生活，也无法离婚

这个休息区安顿了下来。所谓的卒婚、休婚、LAT[①] 等婚姻的变体，由于并不"正常"，所以在其过程中存在着很多争执。"为了更美好的关系，我们暂时各过各的吧，你觉得怎么样？"有人会在听到这种提议之后，脸上洋溢着慈爱的笑容，并看着对方的眼睛说"真是个不错的想法"吗？当然这仅仅是个人幻想而已。

我曾经在大型证券公司工作了七年，也曾经在创立时只有一个人的企业做过营销，目前的工作是给别人讲课。也就是说，我是一个从大学毕业到现在一直不断在工作的女人。尽管如此，想象一下离婚后的生活，我仍感到一片迷茫。如果真的面临这种情况，我肯定无论如何都会好好地继续生活下去，但是，虚无缥缈的恐惧却时时刻刻折磨着我，一旦离婚，我将会孤身一人，总感觉自己太脆弱、太渺小。

我开始好奇其他家庭中的妻子是怎么生活的。周围已婚女性中的大多数人都是将孩子送到幼儿园或学校之后，才开始经营自己的日常生活。学习、工作、运动……她们的生活形态多种多样。在孩子回到家之后，她们便开始集中精力照

[①] LAT：Living Apart Together，分开同居，指情侣或夫妻保持固定的情感关系，但是不住在一起。

顾孩子、做家务活。下班回来的丈夫在听到洗衣机转动的声音后，质问："白天干什么了，偏偏晚上洗？"这种情形一定有人切身经历过。吃完晚饭，帮孩子洗完澡，给孩子穿完睡衣之后才能有时间享受到片刻的休息，有很多女性会选择在这段时间读书、写作或者写博客，不过在这一问题上，也会经常与丈夫发生冲突。

"哄孩子睡觉之后，再做你该做的事呗。"

然而，为什么不采取更高效率的方法呢？哄孩子睡觉的时候，妈妈也很容易会跟着一起睡着，这样就无法再去做自己的事了。即便照顾孩子的时间充其量只有几个小时，但孩子的精力是源源不断的，妈妈们也难免会感到精疲力竭。

如今三四十岁女性的生存环境，正处于由"传统母亲"向"社会女性"转型的过渡阶段。大部分女性，大学毕业后都会步入职场，然而在生完孩子之后，工作则会中断，生活的重心逐渐向家庭靠拢。

上学的时候，老师说过，现在是一个"女性地位逐步上升的时代""女性也能不受限制地进行社会活动的时代"，因此在自己的成长道路上，我们也是这么认为的。我们现在所处的时代是一个性别意识比以往任何时候都要明确的时代，但是我们在结婚后以及生孩子时，会面临各种各样的矛盾。我们将主导型、积极型女性看作这个时代的典型女性形象，然而在婚姻生活中逐渐意识到"自我"的消逝，难免会感到困扰。

最终，理想与现实之间的差异使我的婚姻走向"休息"。我需要独当一面，然而现在却孑然一身，身上连一百万韩元①都没有。独当一面的首要任务应该是就业，但我决定先缓一缓，破罐子破摔，不如先尝试做自己想做的事情。

这次休婚，到底是为了离婚，还是为了复合，对我来说并不重要，我决定将此看作人生给予我的"附加"时间。如果想就业，尤其是非正式就业，想找的话随时都能找到，所以我将此留作最后的退路。从三人家庭又回到一人家庭，从公寓搬到单身公寓，SUV换成小型车。说到这里，我最好的朋友哑然失笑——"三十四岁的你居然回到二十四岁时的生活。"

同时，我也由拿生活费的角色，重新回到赚钱的角色。在此过程中我到底能不能完美地独当一面，到底能做到什么

---

① 约5718元人民币。韩元兑人民币的汇率为1∶0.005 718，后同。

程度，作为"暂时恢复单身的女人"，我也不清楚。从表面上看我是净身出户的，不知道是不是因为这个原因，有几个朋友在我面前流下了眼泪。

婚姻与自立，看似互相冲突，但二者实则相辅相成，且互为充分必要条件。不仅是未婚、离婚、卒婚的人需要自立，就是在婚姻当中也需要我们自立。这样我们才能作为独立的个体而存在，且不管处于什么样的人生阶段，都能很好地生存下去，在规划未来人生道路的时候，也会增加各种各样的可能性。而且我认为，在婚姻生活中，不仅存在需要相互共享、具有连带责任的事情，也存在完全属于个人隐私的事情。

由于我在婚姻生活中没能自立，需要一切从零开始。我在婚姻期间赚的钱都用于生活费、外出就餐费以及旅游费用，也没有存储应急储备金。因此，单身公寓的保证金我必须得向朋友借，且为了解决近几天的生活费，我还得将能想到的钱都筹集起来。与十年前刚步入社会时相比，各种条件都比那时候差很多。现在的我，不仅没有了每个月按时发放工资的公司以及三千五百万韩元的年薪，也失去了像二十岁出头时以应届新员工进入职场的身份。留给我的只有需要每月按时缴纳的贷款，以及需要抚养的儿子。

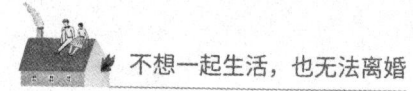 不想一起生活,也无法离婚

总之,我已经决定要独立了,我十分感谢丈夫同意这一重大决定。我相信我有独当一面的能力,并且现在也已经到了某些事情可以重新开始的恰当时机,所以生活才给予我这次机会。我决定相信生活且依靠生活,顺其自然地活着。

"闪闪发光"的早晨

在我和丈夫唇枪舌剑之后的两周里,各种各样的烦恼在我的脑海中反反复复地出现。丈夫不断地在要求离婚,但是我一直在拖延时间,没有给他答复。

我想到了夫妻心理咨询,即便是要分手,我也希望能够在解开彼此的怨恨之后再了结这段感情。毕竟夫妻的缘分断了,作为孩子父母的缘分也会一直持续下去,如果分手之后我们还一直对彼此怀恨在心,那么唯一剩下的"父母"角色似乎也会变得一塌糊涂。

夫妻心理咨询当天,只有我一个人去了心理咨询室。我是打算自己先咨询,再推荐给丈夫。过了大约一个半小时后,咨询结束了。心理咨询师边整理咨询日志,边对我说:"一般咨询时,绝大部分人都会由于感情涌上心头而泪流满面,不过您却陈述得'不咸不淡'。"

深夜，我边开车边给丈夫打了电话。我说出了自己的心里话："我们好像并没有尽最后的努力……我刚刚一个人去做了心理咨询，即便是要分手，我也想'好好地'分手。"

然而，丈夫却说："我已经不是处于讨厌你或者是怎样的阶段了，你就决定到底还要不要搬出去吧。"听完丈夫的话，愤怒和背叛缠绕着我，我怒火中烧，向丈夫吼道："好！结束吧！"就这样，我们决定要离婚了。

有了结论，我的心里反而踏实了。但是，烦恼似乎转移到丈夫的身上。我下定决心之后，丈夫反而迟迟拿不定主意。昨天说要离婚的人，今天却说文件的事情先放一放，明天又会以起诉相要挟。有一天晚上，丈夫打来电话说："别人说什么都无关紧要，我们就考虑我们自己吧……先分开生活看看吧。"

就这样，我们的"婚姻假期"开始了。

结婚四年，我第一次跟社区里的妈妈们喝了酒。她们是我第一次参加社区图书馆里开展的父母教育活动时遇到的两位妈妈，我们当时在同一个小组。从那时起，每隔半个月，我会跟七位妈妈一起参加父母教育活动，可能是因为我们三个之前在同一小组，我唯独与这两位有着很深的感情纽带。

那一天，我突然想喝杯酒，而唯一的酒友——丈夫，几乎将要成为陌生人，但是如果我像往常一样一个人喝酒又会感到寂寞难耐，于是便给两位姐姐发了条短信：我要是说今天出来喝杯酒吧，会不会有点突然？

她们马上回复：今天确实是个喝酒的好日子啊。我也刚好在想今天要不要喝杯酒呢。

哈……这两位姐姐真的是……

由于我这突如其来的"闪电"提议，眨眼的工夫，我们的聚会就定好了，其中一个人甚至把第二天的就诊预约也取消了。她们俩出门之前把孩子托付给了丈夫，我却不一样，不得不带着孩子出来。考虑到我的情况，大家约在一家设有儿童游乐场的烤肉店见面。

如果现在与丈夫仍处于"正常关系"的状态，那么今天晚上的聚会也许会遥遥无期。"今天社区的姐姐们约我一起喝酒，我可以去吗？"我不喜欢这般察言观色，问丈夫这样行不行，那样行不行，因此我从来没有参加过任何聚会，无论是健身中心举办的聚会，还是小规模的酒局，一次都没有参加过。

不想一起生活，也无法离婚

丈夫的聚会，他们只需要轻松前往就可以了，然而妻子的聚会，就必须要为此付出相应的代价：给孩子准备晚餐、帮孩子洗澡、陪着孩子直到他熟睡，之后才能出去聚餐。因此，妻子们的聚餐通常是从晚上九点才开始的。然而，晚上九点出门，这件事在我们家是想都不敢想的。因为丈夫肯定会说："什么？现在出门，那你几点回来？孩子怎么办？明天我怎么上班？"（孩子在睡觉，你自己上班就行了呀，我又不是不回来。）

与此相反，丈夫却可以在晚上九点出门。甚至有一次，他在跟我喝酒的中途就跑去跟别人喝酒了。"真的很抱歉，公司大哥让我过去，好像有话要说。"都说是公司同事了，我还能怎么办呢？和我玩得来的人，既不是同事，也不是老友，只是"社区妈妈们"，即使我们真的有事要商量，在丈夫眼里也只是大妈们在八卦闲聊吧。而且，如果恰好我们刚刚有过一次聚会，那么第二次聚会也许会迎来更加难堪的局面。"上次不是玩过了吗？怎么还玩？"

看见两位妈妈在向我招手，我便过去坐了下来。我们烤了三份猪排，也喝起了"烧啤"①。脸的一侧有明显酒窝的

---

① 由烧酒与啤酒混合而成的酒。

Y姐，她混合的烧啤比例堪称完美。猪排吃得差不多了，我们也喝完了三瓶烧酒和啤酒，只剩下中途添加的猪皮，在烤盘上烤得越来越焦。我十七岁以后就再也没吃过烤猪皮。刚打算蘸包饭酱，坐在斜对面的H姐向我使眼色，"蘸那个吧"。她指的是咖喱粉——我不喜欢的香辛料。说起不合胃口的食物，我突然想起自己刚入职时跟区域行长一起吃的豆浆面。我之前没有吃过豆浆面，尝了一口差点吐了出来。不过考虑到推荐者的心情，我稍稍蘸了一点咖喱粉，小心翼翼地尝了一口。哇，还真不错！打算再次蘸一点咖喱粉的时候，Y姐突然问了一句：

"你知道吗？"

"嗯？什么？"

"**是炫，你真的闪闪发光。**"

闪闪发光，在那一刹那我尽情享受了这样的赞美。烤肉的热气和酒劲也令我精神恍惚。

"闪闪发光是什么意思呀？"

"嗯……我的表达可能有点儿不到位，就是闪闪发光。"她是记者出身的作家。"第一次见到你的时候，你的眼神——听课时候的眼神、今天诉苦时候的眼神和谈及自己时的眼神,都在闪闪发光。你能听懂我的意思吗?"

"我都没化妆,就这样随随便便地也能发光吗?"

"嗯,是炫,你本身就闪闪发光。今天也是,你诉苦喊累的时候,我就心想,是炫拥有这般闪闪发光的眼睛,肯定会很坚强,不管做出什么选择也都不会动摇。"

她和我也就见过四次面,每周两个小时。在社区图书馆举办的父母教育活动里,我们俩偶然遇见便成为同一小组的成员,不怎么了解我的她,对我说出了这样的话。

"你能听懂我的意思吗?"

我见好就收。"大概知道是什么意思了。"

第二天早上,我躺在被窝里,愣头呆脑地回顾着昨天晚上的对话。前几天还被隐约的不安和茫然笼罩着,突然间我感觉全身上下都充满着闪闪发光的力量。我双腿蓄力,站了起来。同时我意识到,即使凌晨一点多回到家,也不需要任何借口和道歉,不需要向丈夫撒娇。

这样的早晨,令人格外的心平气和。

保证金一百万，月租二十八万

　　丈夫提到离婚时，最初向我提出的经济分配方案是：给我约八百万韩元现金，由丈夫帮我缴纳三个月的贷款及税收，还会提供车辆。我们夫妻俩一直都共享着所有收入及支出等资产（虽然也没有什么资产），因此我知道这是丈夫能给我提供的最大限度的关爱。我认为这样已经足够让我找个房子安顿下来，所以也就接受了。然而，离开家的那天，我手中连一百万韩元都没有。因为丈夫的贷款额度已用尽，不能再贷款了。而且我们夫妻俩也没有积蓄，之前，只要攒上一定数额的存款，我们就会换台车去旅游等，根本没有担心过明天的生活。"应该一切都会好的"——我们有的只是这种毫无根据的自我安慰而已。

　　最后，在我开始看房子的时候，手中连保证金都没有。原先决定接受丈夫支援的八百万韩元时，我也打算只拿出最低预算，去找一个保证金在一百万韩元到二百万韩元的房子，

不想一起生活，也无法离婚

但实际上，手里有八百万韩元的情况下去看保证金一百万韩元的房子，和没有八百万韩元的情况下看房子心情是完全不一样的。

我在首尔工作了七年多，结婚后来到了忠清北道镇川郡。如果说首尔给人的感觉是狭小、高大且刻薄的，那么镇川郡给人的感觉就是宽广、低矮且悠闲的。因为在忠清北道的生活中得到的实在太多太多，所以我并不想离开那里。离开忠清北道的瞬间，我感觉到了似乎自己会再次被竞争和索取所掌控。

在忠清北道生活的五年时间里，仿佛洁净了我的身心。那一望无际的天空和安闲舒适的氛围，令我心情舒畅。忠清北道，在这样一个没有父母、没有朋友的陌生地方，邻居也是我的快乐源泉和能源。在这里，我开始了写作。慢慢地，我也懂得了一个道理，所有发生在我身上的事情都是有理由的，而且生活具有巨大的能量，能给我带来最好的东西。在这里，我也感悟到只属于我自己的人生哲理，即摆脱那种为了实现目标而苦苦挣扎的人生，将自己完完全全寄托给生活，随着生活的节奏全力以赴。

包含了这一世界观的第一本书，就是忠清北道送给我的礼物。可以断言，我的人生是由来到忠清北道之前和之后的生活组成的。不过，讽刺的是，我不得不离开这个地方的原因是家人生活在这里。我应该和丈夫分开一段时间，我们需要各自享受自己的生活。

如果是在首尔或釜山一样的大城市，我要是想搬到别的区，完全没有任何问题，但是在这里，并没有可以搬离的其他区域。而且工作机会也不像大城市那般丰富。神奇的是，这儿的房租比首尔还贵。因此，为了真正意义上的独立和休婚，我不得不离开。

在找新居住地的时候，我最看重的因素是与孩子之间的距离，想看孩子的时候必须能见到他。我将这个距离规定为最远一个小时车程，最终我决定去大田。因为结婚生孩子后，我一直都从事着自由职业。作为一名讲师，位于韩国中间地段的大田对我来说是个再好不过的选择，有很多火车和长途大巴都经过大田，很适合需要去往四面八方出差的我。房租也是主要因素之一，单身公寓的保证金居然仅仅一百万韩元起步，着实令我目瞪口呆。当我把那间单身公寓的信息给朋友看的时候，朋友反问道："是不是上传时报错了？把保证金一千万韩元写成了一百万韩元？"

在我亲自去找房地产中介时，谜团解开了，这确实是事实。保证金最低一百万韩元，最高二百万韩元；每月房租最低二十万韩元，最高三十万韩元，定好价格区间后我开始挑选房子。第一次见到的房地产经纪人是一个比我还年轻的二十多岁的青年。骨瘦如柴的他，看见带着孩子出现的我，露出了慌张的表情。

"接电话时我以为您是一位年轻女人，就准备了一些适合二十几岁年轻人的房子……不过您有孩子，看来我的计划全部都得重新制订了。"

他说要给我展示不错的房间，然而随着看过的房子数量逐渐增多，我越来越无语。没人管理的单元门，看起来已经有三十多年历史的、咯吱吱响的木门，没有洗脸池的洗手间……也对，这应该就是保证金一百万韩元能租到的房子了，够现实。

经纪人给我介绍第二个房子时，说这是个经过重新装修后状态良好的 A 级房子，进屋后我也附和道："确实很干净啊。"不过此时的我，站在半个地下室里，窗户挂在我的视线上方。抬头望窗户的感觉真是莫名其妙，我从未想过窗户所在的位置会左右我的心情。

最后看的房子，虽然比较小，但是窗户都在它们应该在的位置上，而且打开窗户时的景色也是一片大好。此外，房子坐落在小学后面，周围环境也很不错。保证金一百万韩元，月租二十五万韩元。房地产经纪人好像看到了我稍稍缓和的表情，说道："如果是二十多岁的女生，我肯定会给她看几个不太好的房子，最后再给她看一个好一点的。不过看您有孩子，所以我都给您看了不错的房子哦。"（如果我是个二十几岁的小姑娘，我会面对什么样的房子呢？）

我终于见到了一个像样的房子，嘴里嘟囔着"还不错啊"，便顺手打开了洗手间的门。这！……洗手间里有微妙的玉色洗脸池，马桶里流淌着黄色的锈水，而且马桶似乎一坐下来就会支离破碎。啊……难道想找保证金一百万韩元的房子，就必须要放弃其中的某些要求吗？比如，需要穿过堆满垃圾的单元门？忍受需要扭曲着身体弯着腰才能进去的狭窄洗手间？又或者被迫接受看不到阳光的半地下层……

"因为房子的地理位置和状态都比较良好，很抢手，所以房子主人好像一直都没有意识到维修洗手间的必要性。"房地产经纪人尴尬而亲切地说明了原因。我大脑一片混乱，就这样回到车里。房地产经纪人好像也意识到没必要再邀请我到办公室里细聊，中途打了个招呼就离开了。

不想一起生活，也无法离婚

房子的状态与月租有着密切的关系。不过，我目前根本没有能力支付得起三十万韩元以上的月租。因为我每月需要支付的贷款就有五十万韩元，加上各种税收，每月预期的固定支出就有七十万到八十万韩元。我原计划是吃苦一年之后再搬到更好的房子里，但是现在已经乱成一团了。"要不我直接找个月租四十万韩元的房子吧？虽然只差十万韩元，但房子的状态差太多了。"

二十六岁，在首尔租房住的时候，我手里有四千万韩元。二十八岁，我贷款六千万韩元，买了价值九千九百万韩元的住宅。三十岁，我把住宅以全租形式[①]租出去，自己搬到月租五十万韩元的商务公寓。然而，今年三十四岁的我，却因每月的十万韩元而纠结，陷入进退两难的地步。听说以前的妈妈们不管受到多么不合理的待遇，也会因为自己没有经济能力而去苦苦忍受整整一生。但现在看来，即便我是新时代的妈妈，和她们也没有什么不同。

现在最令我感到后悔莫及的，就是没有存私房钱。生孩子时拿到的祝贺金、孩子周岁宴时收到的礼金、我外婆和爸

[①] 租客交付房东一定金额的保证金，获得规定时间内免费房屋居住权，期满还房时房东将保证金全额退还给租客的形式。

爸给我的几百万韩元的零花钱以及放置了好久的保险和基金……当初为什么全部都拿出来用了呢？然而木已成舟、于事无补。想来丈夫也是将自己赚来的所有收入全部用于家庭生活。但不管怎样，现在自己的手中连几百万韩元都没有，不禁令人慨叹。

我怀着压抑的心情找到下一个房地产中介。到了办公室，一坐到椅子上，我就不知不觉地开始抱怨道："我看过了几个房子，但是越看越抑郁。"

房地产经纪人姐姐带我去了新的住宅区，社区位于一块平地上，并没有在狭窄陡峭的小巷里。到了那附近，我的心情也逐渐好了起来。我要看的住宅配备了"正式的"停车场，位于一楼的单元门也需要输入密码才能进入。我突然有了一种感觉：跌入谷底的人生正在慢慢往上攀升。

开门之后，映入眼帘的洗碗池我已经见怪不怪了。不过洗碗池用了"高光烤漆"（high-glossy），干净整齐，房子甚至还配备了中门①，洗手间很干净，也有储物间。第一次看到这种像样的房子，我都来不及犹豫，直接吼道："我就

---

① 韩国住宅中位于玄关和客厅之间的门。

要这个房子了！"

保证金二百万韩元，月租三十五万韩元，虽然金额超过了我规定的上限，但是相比于那些每次进屋都令我感到抑郁的房子，我还是选择了省吃俭用。不过，一口气签完合同之后，我幡然醒悟——我是不是应该再看一看其他月租在35万韩元左右、条件差不多的房子呢？

就这样，在我又陆续见了四位房地产经纪人之后，我的"大田找房大战"才终于结束。租房时的选择标准也在这时才树立起来。再一次走进那座保证金二百万韩元、月租三十五万韩元的房子时，我不得不承认这房子的致命缺点——打开窗户之后，首先映入眼帘的是对面楼房的水泥墙。

当时看房子时，我明明已经发现了问题却装作无所谓。不过最终我以无法通风换气为由解除了契约。而我最后签约的房子，价格为保证金一百万韩元，月租二十八万韩元，厨房和房间被中门隔开，做到了空间分离，房子的布局中规中矩，洗手间的大小和结构也很"正常"。我在找保证金一百万韩元、月租二十万韩元的房子时，并不是一味要求不符合价格的过多家具设施，我只是希望洗手间里有个洗脸池，洗澡的时候屁股不会撞到四面墙壁就可以了。如果为了洗头

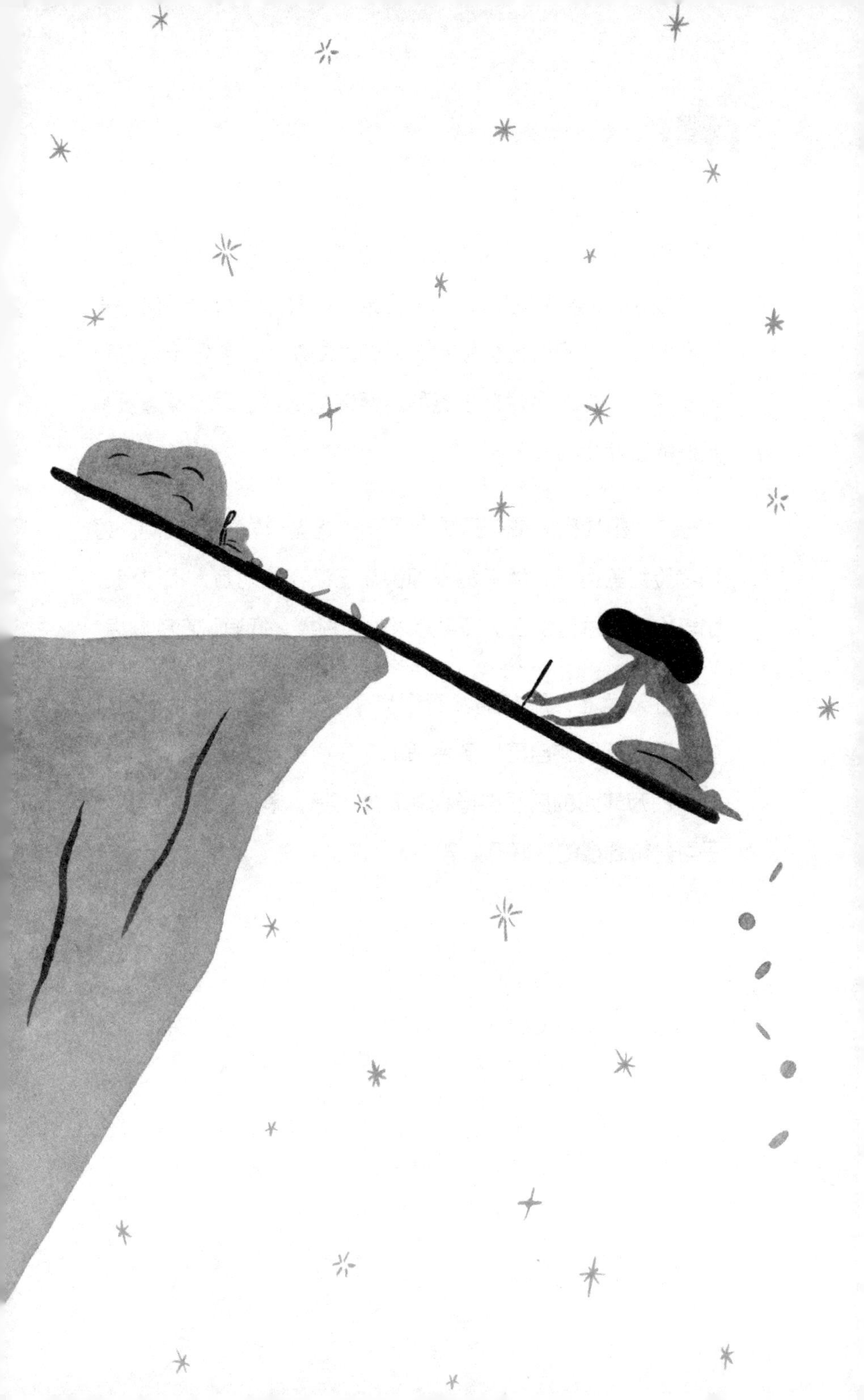

发而不得不弯腰，发现洗头发的空间只能在马桶上方，难道不会很无奈吗？厨房位于入户门旁边倒并无大碍，但如果需要我站在玄关瓷砖上面刷碗，就有点尴尬了。那些单身公寓开发商，为什么会建造出这种奇怪结构的房子呢？难道没有更好的设计了吗？

"大田找房大战"只给我留下了这些未解决的疑问。好在我签约的房子，所有的设施都在它该在的地方，不过房子比较小，多亏有个三十多平方米的大阁楼，抵消了它的缺点。

当天晚上，朋友请我吃了炸鸡，安慰我，让我不要抑郁。我告诉朋友自己找到合适的房子，朋友叹了口气说道："一百万韩元的房子能像样吗？"不是，喂，朋友，我的房子可是带阁楼的，好不好？

结婚一X＝？

我有几个朋友，我几乎可以实时向她们分享自己的情况，其中就包括Y和K。这两个朋友都是讲师，我们经常在一起策划讲座或被安排在同一个节目里，我们既是同事，也是朋友。Y还没有结婚，K结婚了，不过还没有孩子。我和丈夫在最终选择休婚之前，商量过离婚的事。她们得知这个消息时，据K说，她还哭着对Y说："那'小梅花鹿'（我家孩子的昵称）怎么办？是炫的理由是不想让孩子看到爸妈吵架的样子，那小梅花鹿的意见呢？有问过他吗？"

K的话就像一把匕首刺痛了我的心，使我意识到我和丈夫在这段婚姻中似乎并没有竭尽全力，因此朋友的这句话便成了我说服丈夫最后再尝试一下夫妻心理咨询的契机。不过，由于丈夫的拒绝，我们最终并没有去咨询。但是通过这件事情，我坚定了自己的立场："反正想离婚随时都可以离，暂时先分开生活看看吧。"她们也在我身边看到了我丈夫反复无

不想一起生活，也无法离婚

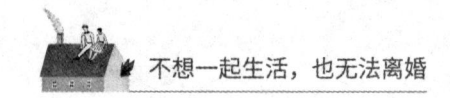

常、出尔反尔的样子。

经过近三个星期的争论，我们最终做出决定：我离开家，公公婆婆搬到家里一起照顾孩子。当然，这个决定中途也被我们推翻过好几次，但最终还是按照我们协商一致的方向实施了。具体内容为：我随时都可以见孩子，或和孩子待在一起；双方都暂不考虑离婚，先分开生活一段时间试试；为了各自的生活都应尽最大的努力；不得出现第三者；分开生活的这段时间里双方都重新思考一下对方的价值。达成以上协议的那天，我和丈夫一起喝了啤酒。

Y对此感到非常惊讶。毕竟直到前一天，我和丈夫还大吵大闹说要起诉，甚至要闹自杀，结果第二天我们却在一起喝啤酒。还有，就在那个星期六，和儿子一起去踢足球的丈夫说要请我吃寿司，让我准备好出来。我准时赴约，前往新开的一家寿司店，那天我们摞起来的盘子比其他任何一桌都要高。

听到我和丈夫一起吃了寿司的消息之后，Y指责我道："他请你吃寿司你就去吃啊？""有什么问题吗？夫妻关系本来就是这么不可思议啊。"我这样回答。

不久之后，我在偶然的机会中跟K讲起了"寿司事件"。

与Y不同，K表示可以理解。Y喃喃自语道："难道这就是未婚和已婚的差异吗？"

　　夫妻之间的关系难以捉摸。如果朋友跟丈夫发生争吵，你在她面前说三道四，这绝对不是一个明智的选择。因为很有可能过几天他们就会恢复原先亲密无间的关系。就算是经常被丈夫施暴的女性，也会说出这样的话："除了打我的时候以外，丈夫真的是一个很不错的男人……"

　　我们绝对无法理解他人的夫妻关系。夫妻之间之所以不能一刀两断，是因为两个人之间存在着各种各样的背景故事和复杂奇妙的深厚情感，即双方的过往交织在一起。其实，当我和丈夫开始探讨离婚的事，并且已成定局的时候，我也不断下定决心，自己以后一定会赚大钱给丈夫用。听到我的决心之后，朋友大喊道："先考虑考虑你自己吧！"

　　婚姻期间，丈夫把自己赚的钱都献给了这个家庭。丈夫顶多会买个汽车光亮剂或者防脱发药剂给自己。出差费、加班费、周末津贴，他都会毫不犹豫地拿出来。丈夫总是想方设法为这个家多做一些事，多献一份力，他甚至连口袋里的钱都会掏空给我。丈夫即使每周认认真真工作五天，也没有能拿在自己手里的钱。我们就这样生活了五年。而且丈夫还

不想一起生活，也无法离婚

帮我还了四年的婚前贷款，每月五十万韩元。光算这些，我也得给丈夫很多很多钱。朋友们说："那些都是结婚之前就知道的事情，这也是他的选择。"确实，朋友说得也没错，但这是道德层面的问题。当我们谈到离婚的时候，唇枪舌剑，我们的话语变成一把又一把匕首，刺痛对方无数次，但我们的内心深处却隐藏着对彼此的感情。在我们处于短暂的休战状态时，丈夫对我说过这样一句话："如果我手里有一亿韩元，我就想给你一亿；如果我有两亿，就想给你一亿；如果我有三亿，我就想给你两亿。这就是我对你的心。"

我是他的妻子，所以我能感受到这句话是出于丈夫的真心实意。不过我的朋友听完这句话捧腹大笑道："为什么手里有两亿多的时候就开始不全给你了呢？"

决定离婚时，我也陷入并不合理的抉择当中：即使是现在，我们在谈论着离婚的事宜，但是如果丈夫意外地出了交通事故，哪怕需要我献出生命，我也会欣然接受。虽然这些都只是"假设"，但是我知道我们做的决定都是发自内心深处的真实情感。夫妻之间的关系真是匪夷所思，即使互相埋怨、讨厌彼此，但同时又互相关心、互相帮助，共存着各种心理。如果彼此之间连这种感情的渣滓都一点儿不剩，才会变得形同陌路。

在大田找到房子的那天晚上，我跟Y和K见了面。一起吃炸鸡的时候，我讲述了我跟丈夫决定暂时不离婚的事。同时也说明了我们两个人协商一致的观点。

Y问道："那如果有了异性朋友会怎么样啊？"

"所以我们决定休婚的意思是，虽然分开生活，但仍旧要维持那种职责和情感上的夫妻关系。"

这次两个朋友都露出无法理解的表情。夫妻两人各自都拥有自己的房子，但继续维持着夫妻关系，这个概念有那么难理解吗？我的另一位朋友，是一位料理杂志主编，听完我的讲述之后斩钉截铁地说出了这样一句模范答案："这也许是婚姻的另一种形态。"

不知为什么，K突然哭了起来，我十分诧异："不是，你哭什么啊？"我向她们强调，目前的状态就是我所期望的，且由于实现了自己所希望的独立，我感到心满意足。我也补充道："对于丈夫来说，他心目中的第一位就是家庭，这样的丈夫居然在我的'独立'问题上与我达成了共识，就说明他已经拿出自己的所有底牌，为了我们夫妻关系的美好发展越过了自己的底线。"

不想一起生活，也无法离婚

Y静静地听着我的话，突然莫名其妙地安慰我说："好吧，我们努力赚钱吧。"即使我再怎么主张一切都是按照我的意愿发展的，在她们眼里我还是个净身出户的可怜人，毕竟孩子也不跟着我。因此我没有再进一步反驳。后来我才知道，当时我要大声辩护，想让她们理解的婚姻形态，被称作"LAT形态"。

LAT 是 Living Apart Together 的缩写，可以直译为"分居却又一起生活"的婚姻形态。"LAT 族"意味着虽然是夫妻，但各自都有自己的住处，生活上遇到困难时彼此随时都可以提供帮助的那种关系。一些研究人员评价："从历史层面来看，LAT 是一种新家庭形态的出现。"研究人员还表示，LAT 的优点是，在维持家庭成员之间亲密感的同时，也能保障个人的自主性。据研究人员的统计，英国情侣当中的 10%、澳大利亚和加拿大等国家情侣当中的 6%~8% 是"LAT 族"。已经分手的伍迪·艾伦（Allen Stewart Konigsberg）和米娅·法罗（Mia Farrow）、蒂姆·波顿（Tim Burton）和海伦娜·伯翰·卡特（Helena Bonham Carter）夫妇都是有名的

"LAT族"。人们成为"LAT族"的理由有：双方希望维持不同的生活方式，防止矛盾，各自拥有自己的住宅且不愿妥协等。分居与LAT不同，两者的区别在于：分居通常是由家庭不和导致的。卒婚、休婚等主要发生于老年阶层，与此相比，LAT可以说是不局限于任何年龄段的全新形态的婚姻生活。

（摘自pmg知识引擎研究所，《时事常识词典》，朴文阁著，2017）

《时事常识词典》里提到，休婚是一种主要发生在老年阶层的现象。但也有一些专家称：卒婚常发生在老年阶层，而休婚是在任何年龄段都有可能发生的现象。因此，从目前来看，对于休婚这种现象，连用语的定义都没有明确，似乎仍处于萌芽阶段。但可以肯定的是，我所主张的这种婚姻形态并不是非正常的或特殊的，也许是另一种家庭形态。

我记得曾经有听过"核心家庭化"和"大家庭的崩溃与解体"之类的说法，不过现在这些内容变成旧时代的遗留物，我们不再把由父母和子女组成的家庭看作核心家庭。现在正是"做减法"的时代：因为从人生中减掉结婚就变成不婚主

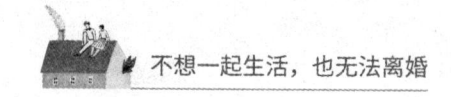

义者，从婚姻生活中减掉孩子就变成丁克族，从婚姻生活中减掉同居就变成"LAT族"。

但是人们可能也会有这样的看法："本来就是为了一起生活才结婚的，不然为什么要结婚？"如果你理解不了这句话有多么荒谬，那我们可以换个角度，看一下老一辈的常用说辞："本来就是为了生孩子才结婚的，不然为什么要结婚？"是不是感觉非常荒谬呢？

游离在爱的边缘

休婚前,自从和丈夫决定暂时分开的那天开始,我们夫妻俩的激烈争吵就进入休战状态。我们会一起吃饭喝酒,星期天还会一起去郊游。我们对彼此不会投入过多不必要的感情,偶尔还会相视而笑。

但是,一旦提起那天的事情,我们两个人会再次感情用事,像一把斧头劈向心脏一样,我们用言语伤透了对方。那一天,发生了令我们的关系走向这一步的决定性事件。我们各自的立场坚定不移,没有相互理解的可能。

一个周末,我和丈夫在一起吃烤肉,不知怎么提到那天的事,原本平和的气氛瞬间被打破,短短十几分钟时间,我们的烤肉派对便草草结束了。丈夫起身离开,我独自一人继续喝酒。因为是晚饭时间,来吃烤肉的家庭越来越多,餐桌也逐渐坐满了人。在这样的氛围中,我又点了一份猪皮,自己开始了第二轮美餐,边给自己倒酒边想:"也许这就是跟丈夫分手后我的样子吧。"

然而在我长叹一口气的时候,丈夫走了进来,原来他只是为了平复心情而出去散了散心。不过,荒唐的是,看到丈夫回来,我居然感到心安,甚至还感到欣喜。随后,我们两个人谈天说地,闭口不谈那天的事情,聊了其他的话题,并且心情愉悦地回到了家。

乍一看,我们的关系还不错,不过这仅仅是表面现象而已,就像无法触及树根,只能摸到树叶一样。

准备搬家到大田的那天,我把自己的行李从原来住的房子里搬了出来。在收拾行李的过程中,丈夫打来了电话,我们商量了一些关于搬家费用、周末孩子住哪里之类的问题便挂断电话。之后我坐上搬家用的卡车,开往大田。在路上,卡车司机说出令我出乎意料的话:"你们都结婚五年了,怎么依旧还像新婚夫妇啊?"

啥?这是说的什么话?我现在可是自己拿着行李从家里出来搬到单身公寓的呀。我连连摆手表示并不是那样,司机却补充了一句:"刚才你和你丈夫通话的感觉明明就是一副难舍难分的样子啊。"

还有过与此类似的情况。搬家后的第二天，住在大田的一位作家约我见面。我曾经应邀参加在天安①举行的读书会，在那里曾和她短暂地聊过几句。她坦言，当时我跟她说自己要和丈夫离婚了的时候，她就觉得：怎么能在初次见面的人面前如此坚定地说出这样的话呢？这人还挺帅气啊。之后她还听说我喝酒也很厉害，就更想跟我聊一聊，于是她才联系上了我。

我们把酒言欢，开心到不得不再点几瓶酒。这时，丈夫打来了电话，他问我搬进去的房子冷不冷，周末孩子过得好不好等，最后说了一声"晚安"，我们挂断了电话。这位作家瞪大眼睛问："不对啊，这哪是要离婚的夫妻啊？打电话都这么甜蜜蜜的。"

至于我和丈夫的对话为什么能够如此甜蜜，连我也只能凭借猜测回答她："可能是我们夫妻保持着距离，那些不良的感情无法介入的原因吧……"作家依然感到好奇，为了满足她，我们继续着"她问我答"的环节。"也有可能是因为我和丈夫依旧相爱，但由于性格不合，暂时决定分开生活，才导致关系意外变得亲密起来吧。"然而我的这一补充说明让

---

① 天安是位于忠清南道东北部的城市。

不想一起生活，也无法离婚

她有些难以理解。

卡车司机也好，作家姐姐也好，他们都只看到表面现象。我和丈夫其实都处于相对保守的状态，由于尚未解决的感情问题层层堆积，所以我们都有意识地不去触碰对方的底线，刻意避开会令人不舒服的对话。通过只共享简单的日常生活，我们可以维持理性。毕竟，回答"孩子还流鼻涕吗"这类日常问题的时候，我们也不至于暴跳如雷。况且，我们是分开生活的夫妻，为了维持现状甘愿承担很多后果，如果连说话的声音都不能做到低沉而温柔，那么，分开的意义和目的也会随之消逝。这种危机感促使我们亲密，不，只是使我们看起来亲密无间。

休婚，即婚姻的休息，意味着暂时中止婚姻生活中彼此所扮演角色的责任和义务。每个家庭都会有各式各样的、独特的角色分工。不过一般来说，丈夫作为一家之主，负责赚钱养家，而妻子则负责家务和育儿。休婚也就是摆脱婚姻这一框架赋予人们的义务，回到结婚之前的状态，而休婚这一状态，不可避免地，夫妻两人与婆家、娘家的关系也会暂时中止。因此，我感到轻松愉快、自由自在。但是，人为中断那些错综复杂的人际关系以及感情、心理层面的关系，难免会让人困惑不已。

一天，为了整理剩余的行李，我回到了"之前的家"。那天，我最后又去了一趟面事务所①，为了了解公公能不能得到医疗补贴——他因腰椎间盘突出而长期无法工作。第三天，公公婆婆就会搬进"我家"，到时候，我就不能按密码直接进屋了，因为婆家与儿媳的关系也将暂时中止。虽然并没有明确地说"自某月某日起，我们将进入休婚状态"，但是儿媳妇离开，公公婆婆搬进来的那一天就是我们默认的日期。我必须得在儿媳妇的角色有效期内，去咨询好补贴方面的问题。我拿好工作人员整理好的各种各样的文件，走出面事务所之后，给丈夫打了个电话。不知为何，我有一种在最后期限之前完成任务的感觉。

我之前住的家，客厅就是个书房。宽大的书柜占据客厅的一整面墙，里面密密麻麻地装满了我收藏了十多年的书籍。从单身到结婚后，我前前后后一共搬了五六次家。每次搬家的时候，我都会整理并扔掉一些书，但最后还是剩下三百多本。

搬进大田单身公寓的前一天晚上，整理了一会儿行李，

---

① "面"是韩国行政区划中自治市、郡或行政市的下辖行政区域。面事务所是在面行政区域行使行政职能的行政机关。

不想一起生活，也无法离婚

我坐在书柜前静静地看着那些书。我知道自己不能全部都带走，必须要做出选择。那些明明有时间阅读，却连碰都不会碰的一些书，我一想到自己再也看不到它们了，就觉得每一本都那么特殊、珍贵。花费了很长时间，我整理好要带走的书，书柜里的书刚好只剩下一半。

四天后，丈夫打来了电话，问我剩下的书能不能都扔掉，我说随便吧。说实话，我还是希望把书继续留在那边的书柜里，但是随即想起街道上一句常见的标语："请保持干净整洁，为别人留下好环境。"

就这样，休婚让我们游离在爱的边缘。

Part 2

为了不分手，决定分开生活，我与丈夫休婚了

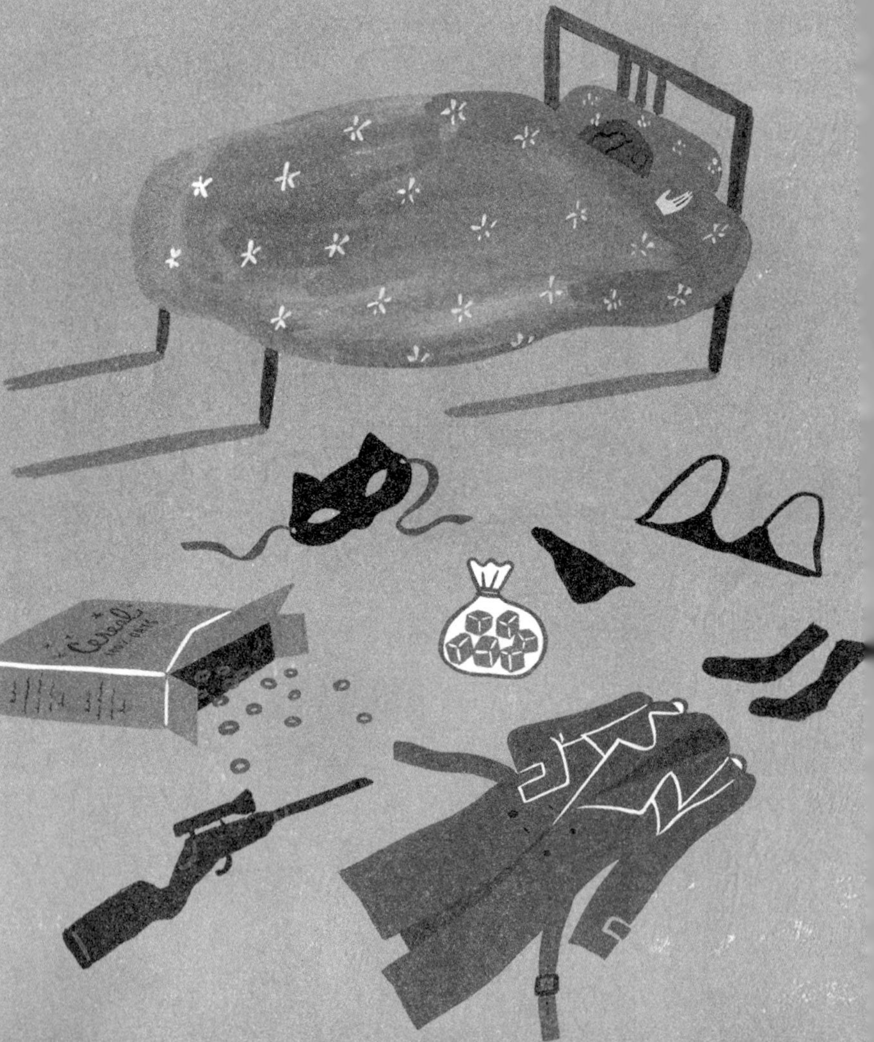
Cereal

左手无名指

星期五，我和朋友们一起喝了点酒，鸭肉和烧啤真的是绝配。

"我吃撑了，什么都吃不下了！"

丢人的是，转场之后我还是狼吞虎咽地吃起了下酒菜。真吃到撑的时候，听他们说一会儿还会来一位熟人，精疲力竭的我就先回到朋友家。

铺上电热毯之后，我滑进了被窝里，看了一眼手机，才发现有四个未接来电，都是丈夫打来的。我给丈夫回了视频通话，映入眼帘的是躺在床上的丈夫和孩子，还是我熟悉的样子。手机屏幕里是对我而言最重要的两个男人，孩子正枕着爸爸的胳膊，活泼开朗地说着话，十分调皮。看着孩子天真无邪的脸，我突然不由自主地感到和他们在一起的日子已很遥远……

为了不分手，决定分开生活，我与丈夫休婚了

我正和孩子用撒娇的语气聊天的时候，丈夫却突然插了一句：

"不要喝那么多酒了。"

"我不喝了，最近胃疼，喝不下。"

"你今天喝酒了吧？"

唉，还是被发现了，我本来想尽力隐瞒的。

"呃……嗯……我今天喝了一点点。"

"我一看就知道。"

其实我也一样，丈夫喝没喝酒我一听声音就知道。

"好好处事，不要到处惹是生非。"

"嗯，当然了！"

"你知不知道自己命带驿马？"

"什么？驿马？"

"啊……不是，是命犯桃花。"

"说什么呢？我可没有那些。"

"反正好好处事吧。"

"那当然，我有我心爱的儿子，还有……"

还有你呢……

"你看，我还戴着结婚戒指呢。"我向着屏幕挥动了自己的左手无名指。

熄灯后，我躺在被窝里反反复复回忆刚才的对话。

"还有心爱的你。"

那尚未说出口的一句话。

我感到既陌生又不自在。"我爱你，老公。"能自然而然地说出这句话的那一天真的会到来吗？

我张开左手，看着在黑暗中闪闪发光的戒指。

马上搬走也不足为奇

在我独自生活的五天之后,中秋节长假开始了。趁着连休,我把孩子接到大田的家里。这小房间真是憋得慌。虽然住在大公寓里的时候,我所需要的空间也不足一平方米。因为我总是坐在客厅的桌子前或者床上,屁股占据的面积也不过如此,其他空间对我来说都是剩余空间。

剩余,难道是能让人们心里感到踏实的条件吗?自古以来,仓库里堆满余粮,人们才能感到心满意足。然而,这个房子并没有"剩余"空间,只能说所有东西都"各得其所"。在这个房子里,所有应有的东西都刚好在该有的地方,还只被允许占有恰好的空间。

我和孩子刚一躺下,单身公寓就被挤满了。我一动都不想动,身体不由自主地滑进了被窝里,甚至也没有吃东西的想法。幸好有了一个需要出门的理由——为了缴纳房地产中介费用，我不得不去一趟银行。

　　我给孩子穿上衣服，然后两个人手牵手走出了家门。一直待在黑黢黢的房间里，我都不知道今天的天气是如此晴朗。望着晴空万里的天空，感受着温暖的阳光，我的心情也变得格外愉悦。去银行的路上需要途经一个地下通道，宽敞的通道和清冷的空气使人心旷神怡。八车道上嘈杂的轰鸣声，超市扩音器里传出来的喧闹声唤醒了我的大脑。突然，莫名其妙的信心再次涌上了心头，我去超市买了些菜，然后和孩子坐在地铁站候车室里，一起喝起草莓牛奶和巧克力牛奶。

　　平时急急忙忙路过的宽敞的地铁站候车室，今天却给了我从容不迫的心态，这也是我第一次特意在这里逗留。我想，空间对人们心理的影响也许比想象中还要大：欲望、倦怠、不安、愤怒、平和、敬畏……

　　之前，我正在为月租相差十万韩元的房子而纠结的时候，朋友对我说："我在书上读到，说房子的天花板越高，人们的创造力也就会越高。"我突然想到今年夏天去过的位于忠清北道镇川郡文白面的梨峙圣地。那是一个天主教圣地，在天主教不被认可的时代里，由一个教徒们隐居的山谷发展至今，成为教友村。即使是不信教的人，只要走进这座寂静的教堂，

为了不分手，决定分开生活，我与丈夫休婚了

也会不由自主地肃然起敬。教堂内部很淡雅很漂亮，我也拍了照片。尖尖的教堂天花板是近年来我看到的建筑物中最高的。我突然想起了济州岛一家民宿的洗手间。那个洗手间用玻璃代替了天花板，抬头就可以直接看到天空。从视觉角度来看，那个洗手间可以说是没有天花板的。那么，按照这个逻辑，我是不是该把这个洗手间当作工作室？

"虽然要多交十万韩元，但我建议你还是住在宽敞一点的房子里吧。我个人觉得空间越大，工作也会进行得更加顺利。"朋友随之而来的忠告，让我在这段时间里的行踪像走马灯一样飞速地在脑海里转动了起来。我通常是在这样的环境下紧盯着笔记本电脑小屏幕工作的：图书馆多媒体室、咖啡馆、床上、KTX[①]上的折叠小桌板、公寓休息室……重新确认一遍自己的工作风格之后，我跟朋友说道：

"我好像不怎么受空间的影响哦。"

对我来说，不是空间的问题，而是到底有没有集中精力的问题，这句话也带有一点点的骄傲成分。然而，我的傲慢让我无视了空间对人们心理所产生的影响。

---

① 韩国高速列车。

并不是房子小，人就会感到抑郁。我从二十四岁开始就一个人生活，直到结婚之前我一直都住在单身公寓里，然而我也并没有患上抑郁症。那么，现在的我为什么变得如此无精打采呢？房子在一楼，无法敞开窗户？这并不能成为理由。因为我住在十五楼公寓里的时候也没能看到窗外的风景。我家的窗户是落地窗，从对面的建筑里就能清楚地看到内部，所以一天二十四小时都要放下百叶帘。难道是因为单元门被各种各样的垃圾弄得乱七八糟吗？这个答案倒是很有说服力。每次路过单元门时我都会不自觉地皱起眉头，但一进屋就会忘得一干二净。

我后来又想，是不是因为房间里的灯有点儿昏暗，于是我就换了一个灯泡。但遗憾的是，电路好像存在接触不良的问题，明明装了三个灯泡，却只有一个点亮了，怪不得房间那么昏暗。知道是什么原因之后，我顿时感觉心情舒畅了。灯泡嘛，修一下就行了。为了弄清楚这个房子究竟为什么会给我带来抑郁感，我仔仔细细地观察了一遍，可是也没有发现任何一处令自己讨厌的地方，毕竟这是我在囊中羞涩的情况下各种挑剔后才找到的房子。

我偶然间看到一本书，其中的一句话非常有意思：

"我的栖身之地会决定我的人生。"

其实，不管这句话是真是假，大多数人都会有一种错觉，认为房子是自己的人格主体。来大田之前我住在忠清北道镇川郡，随着新开发区的建立，农田一带都变成公寓社区。连百货商店、文化中心、大型超市都没有的地方，却孤零零地建起了公寓。有很多和我一样的外地人住进这里，由于小区周围没有任何设施，那些一直住在大城市的妈妈时常会感到抑郁。但在这个远离消费享受的地方，我却乐在其中。一望无际的天空和辽阔无边的平地让我的身心都格外舒适。

有一天，我从小区孩子的妈妈那里听到一件令人无语的事情。据说，住在 E 公寓的妈妈们会歧视住在 S 公寓里的孩子们，说他们是乞丐什么的。E 公寓是由九十五平方米到一百一十二平方米的房子构成的，然而 S 公寓里的房子都是八十二平方米。更有趣的是，E 公寓和 S 公寓都是由韩国土地住宅公社建造的，销售价格也差不多，都是每平方米两百万韩元左右。在这个连学校都没有、交通也不便的小村庄里，居然用房子的大小来划分阶层，真是可笑至极。想到无论走到哪里都有这种搅浑一塘水①的妈妈们，我也不由自主地说了句幼稚的话："是不是得带她们去江南②见见世面？"

对于"房子＝阶层"这一说法，我曾认为自己是不屑一顾的，看到"以房子来划分阶层"的新闻我也感到气愤不平。然而实际上，我也好不到哪里去。其实在我看来，自己现在住的房子到处都是问题：它不仅是一个单身公寓，还位于一楼，从窗户向外望去一眼就能看到马路，单元门口乱七八糟，房间里的灯光极其昏暗，被我放在门外的床垫还散发着尿臊味……突然想起了四年前的自己，当时对我来说，"入住公寓"就是首要目标，就怂恿丈夫入住新开发区里的新公寓。然而，再看看目前的状态，相当于在新公寓里住了不到三年，我就被扫地出门，搬进了单身公寓。

中秋节休假期间，我带着儿子回了趟釜山娘家。本来这次中秋节我没有打算回家。因为不管怎么说我和丈夫也算是选择战略性分手，在这样的状态下回娘家，我心里肯定也会感到不舒服。妈妈和外婆都知道事情的来龙去脉，但爸爸还不知道。之前我就因为这件事情被妈妈骂得狗血淋头，我对

---

① 韩国有句谚语，"一条泥鳅搅浑一塘水"，指危害集体或组织的人。中文里通常说"害群之马"。

② 韩国首尔的重要商业地带。

为了不分手，决定分开生活，我与丈夫休婚了

她的不满仍然没有完全消除。因此，我本来下定决心闭门不出，但我还是选择收拾行李回娘家，与当初的计划相违背的理由只有一个，就是我假期不想待在这个家里。

"我不太好意思去见你，这次休假我就打算自己在家，处理一些积压的工作。"这是我向妈妈宣布的内容。然而我还是决定回去。更加丢人的是，我本来打算最多在娘家待三天两夜，最后却待了六天五夜。不仅如此，到了答应把孩子交给丈夫的那天早上，我才带着孩子急急忙忙地离开了娘家。如果没有跟丈夫约好，也许我会在娘家待得更久。在娘家生活的舒适感，强大到可以掩盖我对父母的罪恶感和我的狼狈不堪。不知廉耻的我，顿顿都吃得津津有味，最后一天晚上还吃了木叶鲽生鱼片，喝了啤酒。我担心再磨磨蹭蹭就又要过一天，就干脆在早上七点出发了。

两小时四十分钟后到达了住宅楼，狭窄的停车场里早已停满了车，我只能把车停在路边。单元门口依旧乱七八糟。明明是上午十点，房间里却像晚上十点一样，整个笼罩在黑暗之中。咔嚓！开灯的一瞬间，空了一周的房子映入我的眼帘。我就在这里睡过一晚，便直接去了釜山娘家，如今已过了一个星期，想到今天将会在这里度过第二个夜晚，心情有点儿微妙。房子没有得到新主人的疼爱，我还离开了一段时

间，突然感到心里很不是滋味。

再次回家，虽然谈不上很开心，倒也不至于厌恶。不知不觉间，我对这个房子产生了一点点感情。月租房，是一个即使明天马上搬出去也不足为奇的地方，也是一赚到钱就会立即逃离的地方，我和它于彼此来说都是过客……如今，搬进来有一周时间，我才第一次淘米，做了饭，熬了汤。这个房子才开始成为我生活的一部分。

为了不分手，决定分开生活，我与丈夫休婚了

各自的餐桌

回家那段时间，有一天早上我感到肚子很饿，边打开电饭煲，边冲着房间里的妹妹问："你要不要吃饭？"

妹妹简短地回答："不吃。"

"现在都几点了还不吃早饭，你不饿吗，还是简单吃一点吧……"我不会像其他家庭的人一样，补充这样的话。对于妹妹来说，只是因为她自己不饿所以才不吃的，我也是这样。

于是，我只给自己盛了一碗饭。

因为这件事，我突然意识到一个问题：我娘家的家人一般都是在想吃饭的时候自己给自己准备饭菜吃的。在娘家，没有固定吃早饭的时间，也不会一家人围坐在一起吃饭，然而婆家却不同。这一点差异我之前却没有注意到。

在婚姻生活中，让我痛苦不堪的事情之一就是关于吃饭时间的问题。我从小就不吃早饭，如果硬吃会引起消化不良，只能通过不吃午饭来调节。然而在婆家，有规定的早饭时间。有时由于上课安排我不得不在婆家睡觉，第二天早晨，婆婆就一定会摆好饭菜。即使没有胃口，肚子不饿，我也不得不坐在那里开始吃饭。明明不是吃饭的时间点，还得不断把食物吃进胃里，我的肠胃肯定乱了套。而且即使我吃得再多，婆婆也依旧会担心我，总是说着："吃这么点儿怎么行啊。"

　　而娘家人却很随意，并不会按时吃一日三餐。尤其是妈妈，早已习惯了"一日一餐"和吃素食。如果哪天吃了三顿饭，到第二天肠胃肯定会感到不舒服。

　　因此，丈夫习惯了一日三餐顿顿都吃婆婆准备的热乎饭菜，他三十多年来的饮食规律肯定和我的截然不同。这件事没有谁对谁错，只是两个家庭有着不同的生活习惯而已。

　　想躺在床上睡懒觉的周末早晨，丈夫一睁眼就会对我说："今天早上吃什么好呢？"事到如今我也早该习惯了，然而周末的早晨，直到今天为止，对我来说都是个极其痛苦的时刻。我认为简单吃点面包和牛奶泡麦片也不错，然而这对于

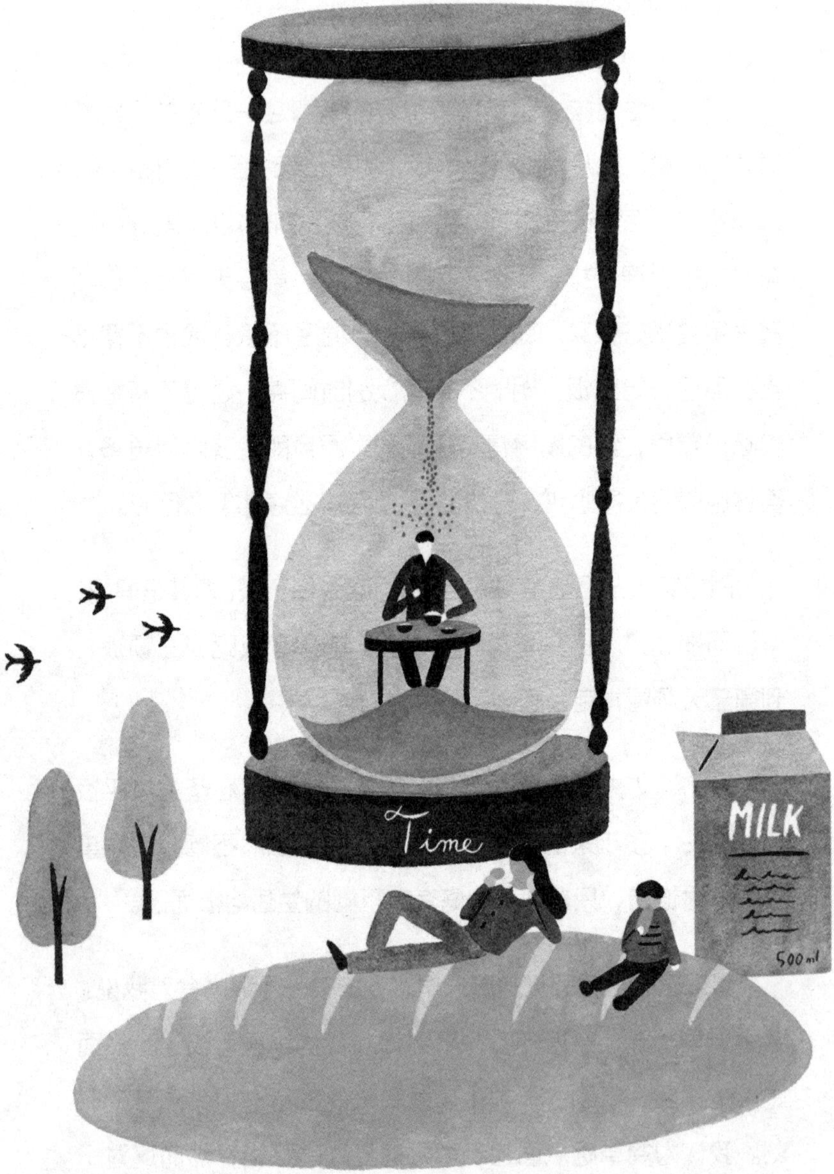
Time
MILK
500ml

丈夫来说并不是"吃早餐",而是敷衍了事的"漠不关心"。

当然,早餐也不是我一个人准备的。丈夫是一个非常喜爱厨房的男人,他对刀具等厨房用具感兴趣的程度远大于我。我到现在还不会煮海带汤,与此相比丈夫做的海带汤可以说是一绝,尤其他做的明太鱼汤也是好喝到没有人能比得上。如果说丈夫在熬汤方面无人能敌,那么做主菜方面我是个强者。所以我们俩要是一起做菜就会一气呵成,毫不费力。然而在自己想吃的时候做和到了吃饭时间不得不做,给人的感觉是有区别的。

有时孩子睡懒觉,感觉上幼儿园要迟到的时候,我就会想:"要不今天就不去了吧?"

但紧接着我又想道:"不,不行,我得让孩子吃饭啊。"

然后我就会拖着沉重的身体开始做准备。是的,我就是为了孩子能吃上饭才把他送到幼儿园的。下课后我只要准备晚饭就可以了,压力会小很多。真的万分感谢幼儿园,不仅教孩子体育、美术、音乐,还带孩子参加料理活动、参观学习。相比这些,幼儿园每天为孩子准备两顿饭,这本身就能让我感激涕零。因此,幼儿园放假期间对我来说是个煎熬,因为我每天得做三顿饭!

为了不分手,决定分开生活,我与丈夫休婚了

朋友遭遇了一场轻微的交通事故。说是停车的时候,突然被一辆车从旁边撞了一下。腰部和颈部受了点伤,她不得不住几天院。医院每天都会按时给患者提供三餐,真令人羡慕呀。两年前,由于孩子的原因我也在医院短暂地住了几天。早教班里流行的传染病孩子一次都没有得过,结果周岁时突然得了肺炎。待在医院的第一天,我总感觉闷闷不乐、枯燥无味,然而过了两三天,我就逐渐适应了。很快,我开始享受起一到时间就按时提供的病号饭。以至于在医院住了四天之后,当医生建议孩子可以出院的时候,我莫名其妙地感到有点失落。

人们为什么喜欢去旅行呢?其中会不会有少了做饭的压力的缘故呢?因为我们在旅行的时候,不用自己准备饭菜,也不用自己收拾。

朋友也说,自己住院后最先记住的就是吃饭时间,早上八点、中午十二点和下午五点。有意思的是,她还顿顿都给我拍她的病号饭,令我好生羡慕。

记得有一天,丈夫提前下班,我们一起准备晚饭的时候,我边把餐具放到桌子上,边喊了一句:"啊!为什么人类会如此的低效?为什么一定要吃饭呢?"丈夫坐到自己的座位上

回答道："你又不是哲学家，别胡说八道了，赶紧吃饭吧。"

其实，稍做留意就会发现，我们的人生终究围绕着"吃饭"两个字。从早到晚忙于工作而没空吃饭的时候，我们就会感到很委屈；和朋友约好去餐厅吃好吃的，我们就会心潮澎湃；母亲会为了给孩子做饭而赶时间回家；中年妇女因为担心丈夫会饿肚子而不敢和朋友们一起去旅游。被饭困住的人生啊……

虽然不吃饭真的会饿死，但是跳过一顿饭也绝对不会出什么大事。有时我真的想省去一顿饭的时间，丈夫却认为跳过一餐会出大事，我只能绞尽脑汁翻遍大脑里本来就没多少的食谱。

丈夫到国外出差的时候，我就会"偷懒"，有时和孩子在家里无所事事地赖在床上，导致错过了吃饭的时间，我就不去做饭了，偷摸跳过这一顿，有时还会凑合吃面包或者水果。虽然心里会感到有一点点内疚，但是也会自我安慰："就今天一天，没事！"然后享受当下的懒惰时光。有一点儿自由自在，就像被饭拴住的灵魂突然被解放如释重负的感觉。不过看到孩子不吃我做的饭菜，我又会心急如焚。归根结底，问题还是在于吃饭。

为了不分手，决定分开生活，我与丈夫休婚了

被饭拴住的婚姻生活终究以休婚为契机结束了。我又回到非常熟悉且理所当然的生活当中，也就是说，不用再按照固定就餐时间吃饭，可以在自己感到肚子饿的时候再吃。有时我干脆不吃早餐，有时只吃面包喝牛奶。晚饭也是在觉得肚子饿的时候才会吃，否则我便直接上床睡觉。

然而在最近的某一瞬间，我突然意识到现在的自己与结婚前截然不同。单身的时候，我要么点外卖，要么就直接出去吃。家里连电饭煲都没有，每次搬家的时候我都会想："如果没有这毫无用处的厨房，房间肯定会更大。"

休婚后回到娘家，妈妈问我："冰箱呢？总该有吧？"

没想到我在妈妈的眼里居然是这种形象。话说回来，我有一次切洋葱的时候，由于洋葱放太久变软，刀滑了一下，大拇指被划得很深。医生说如果刀口再深一点点就该缝针了。当我跟朋友们讲这件事情的时候，其中一位朋友说道："好不容易动一次刀，结果流血了吧。"哈，不管怎样，我也是孩子的妈妈吧？家里有孩子，怎么能不下厨呢？我每天都切菜，每天都烧水。不过对她们来说我好像还是停留在二十四岁。好吧，我也认了。

然而，这样的我，现在却在老老实实地淘米，按下电饭

煲的开始键。之前我都不吃"解冻米饭",然而现在一个人生活,每次都会有剩饭,只能分成小份放到冰箱里冷冻。决定休婚后从家里搬出来的时候,我把电饭煲、汤锅、各种各样的炊具和饭碗都拿了过来,甚至连调料也拿得一个不剩。"细雨湿衣看不见",我知道购买零碎的生活用品也会花不少钱,不容小觑。

休婚之后,每到周末的早晨我都会淘米煮饭,看着这样的自己,我终于认识到一点,在过去的五年婚姻生活中,即使准备饭菜仍不是很熟练,但我也好像多了些家庭主妇的"细胞",这完全得益于"忠于吃饭"的丈夫。在别的城市讲完课回来的那天晚上,我突然起了想吃饭的念头,随即也想起了丈夫。现在这个时间,他刚好可以吃到婆婆准备的山珍海味。丈夫以前整天喊着饭饭饭,最近天天都能吃到妈妈做的饭,肯定开心坏了吧。

每个人赋予饭的意义,都大不相同。

为了不分手，决定分开生活，我与丈夫休婚了

| 孩子的心理

幼儿园班主任老师安排了一次单独的家长谈话。

在过去的两年时间里，这样的家长谈话并没有什么特别之处，但这次却有所不同。班主任老师大概知道孩子和我只在周末见面，但并不知道详细的内幕。虽然我可以敷衍了事，说我和丈夫由于工作原因做周末夫妻，但我并不想这样做。毕竟老师只有正确了解家庭环境，才能找到适合孩子的教育方式吧。

约定好的下午五点，我走进了幼儿园。我向班主任老师坦白了自己家庭的现状。她作为女性、人生前辈，也作为教师，认真地倾听了我的故事。她告诉我，曾经有段时间孩子在幼儿园里感到非常煎熬。孩子极其敏感，变得挑剔、容易发脾气，那段时间好像就是我和丈夫经常吵架的时候。我们自然而然地聊到上一次家长谈话时我没分寸地哭起来

的故事：

那段时间，孩子惹了不少麻烦。他不仅扔玩具、推搡朋友，还在朋友脸上留下了伤口。虽然对方的父母说"没关系，可以理解"，但我仍觉得心里不舒服，就给对方家里寄送了药膏，外加一封手写信。没过几天，我又听说孩子在另一个朋友脸上弄了个小伤疤。接连发生的事情使我茫然失措。班主任老师还安慰我说："孩子妈妈，孩子们之间这样的事情经常发生。"

然而事实并非如此。因为那几天我和丈夫之间经常发生激烈的争吵。一想到是我们俩的争吵给孩子带来影响，我就难以忍受。我既感到愧疚，对不起孩子，又感到迷茫、失落，眼泪不由得夺眶而出。班主任老师看到我突然莫名其妙地流下眼泪，也很惊慌失措。意想不到的泪水也让我不知道该如何是好，孩子也被这奇妙的氛围弄得手足无措。如果听到孩子的事情之后家长就突然哭起来，哪个老师还能安心地交代孩子的日常生活啊！这件事对我来说是个有些尴尬的状况，使我久久不能忘怀。

孩子再次回到活泼可爱的状态，居然恰好是在我们休婚之后。我也听到一些自己之前并不知道的故事。班主任老师

> 为了不分手，决定分开生活，我与丈夫休婚了

说，和奶奶一起上学放学的第一天，孩子哭闹着不肯离开老师。这周上学放学的时候，孩子的表现比前一周有很大进步，老师猜测也许是孩子在周末跟妈妈度过充足时光的原因。

我给老师讲了几天前的趣事。

"我跟孩子在聊天的时候，他把我现在住的房子说成'妈妈的办公室'，而不是'妈妈的家'。丈夫说不想让孩子意识到爸爸妈妈分开生活的现状，就做了这么个决定。几天前，以防万一，我问了孩子：'爸爸妈妈为什么不在一起生活呢？'结果他居然清清楚楚地回答：'因为爸爸妈妈吵架了。'真的吓了我一跳！我们为了不让孩子知道，那么努力地去表演，结果他好像什么都知道。"

班主任老师听完我的话后咯咯地笑着回答：

"其实孩子什么都知道的。"

老师给我看了孩子的活动日志。最上面的标题写的是："你想对爸爸妈妈说什么话？"下面的方格里是老师帮忙写下的孩子的回答："我想跟爸爸妈妈一起出去玩！"

刚从幼儿园出来,"叮咚!"响起了 Kakao Talk 通知,是丈夫发来的——

> 今天是幼儿园家长谈话日吧?

时机把握得真好。我都怀疑他是不是在哪里偷看我,不由自主地环顾了四周。我在给丈夫转述谈话内容的同时,也讲了最后聊到的孩子的那句话。丈夫立马回答道:

> 我们安排一次秋游吧。

为了孩子决定分离,也因孩子而延续的夫妻关系,真是莫名其妙。

为了不分手，决定分开生活，我与丈夫休婚了

与婆婆相遇

每个周末都能见到孩子，这意味着我们夫妻每隔一段时间就要见面。每周五晚上，我都会回丈夫家接孩子。到家前十分钟我会给丈夫打电话，然后在地上停车场等待。

刚开始我甚至会纠结，到底是在车里等还是在外面等。坐在车里等的话根本不像一个五天没见到孩子的妈妈的状态，但是我内心深处也并不情愿下车等待，原因是不想让丈夫知道其实我等这一天等得迫不及待。总感觉这样是在变相承认孩子是他家的，像是我暂时"借"走了在老家待得好好的孩子一样。

经过一系列不合情理的纠结之后，最终我选择坐在车里盯着大门，等到孩子出现在门口的瞬间，一边开心地叫着孩子的名字一边下车的方式。

在刚开始的两周时间里，在将孩子交给我的过程当中，

丈夫连看都没看我一眼。就像正处于休婚阶段的夫妻看对方一眼就属于犯法一样，丈夫从头到尾彻彻底底地无视了我。打电话的时候那么细心周到的人，一见面就装作不认识，虽然有点儿荒唐，不过我也并没有太在意，只是认为"他又开始了"而已。毕竟丈夫的心比女人的心还要像芦苇，随风飘荡、摇摆不定。

然而之后没过多久，丈夫会逐渐开始跟我讲一两句话，有一天临走时，他对我说了"路上小心"，有一天还给了我几万韩元，说是车的油费，最终我们的关系又到了一起买菜再各回各家的地步。就这样我们慢慢地熟悉了每周两次的短暂在一起的时间……然而，公公婆婆这边出了问题。

当时的情况是这样的：休婚以后，我们俩都不跟对方的父母联系。虽然我不清楚丈夫是怎么想的，但是对我而言，既有些惭愧也有些害怕，所以不敢联系公公婆婆。休婚前的两周，对我们夫妻来说是非常紧张且不稳定的日子，根本不能提前告诉家里的长辈或跟他们进行讨论。决定休婚之后，丈夫把这件事情告诉了公公婆婆，就这样定了公公婆婆搬进来的日期，我也离开了这个家。这就是全部，仅此而已。

我跟婆婆最后一次通电话是在休婚前一个多月。那天我和丈夫吵架，丈夫居然开始污蔑婆婆。他的老毛病之一，就是婆婆根本没说过的话，他会跟我说成是婆婆讲的。诸如婆婆说不想见到我、不要联系她等，虽然内容细节上有所区别，但中心思想却非常相似。类似的情形经历了几次，荒唐到让我说不出话来。

但是那天，我抑制不住愤怒的心情，跟丈夫说我要亲自确认一下，就当着他的面给婆婆打了电话。我问婆婆，丈夫说了这样那样的话到底是不是真的。婆婆边叹气边说道："我怎么可能会说那样的话呢……"随后，平时我和丈夫吵架时会劝说或从中调节的婆婆，那天却说了与以往不同的话："在我看来，你们俩的性格似乎真的不太合适。是炫，从此以后你想怎么样就怎么样吧。如果不能抚养孩子，我会给你带，你怎么方便怎么来吧。"

我回答说："孩子我来养，但是目前我的状况并不如意，只能让您暂时帮忙照顾一下孩子，等我站稳脚跟就会把孩子带走的。"婆婆表示她都会按照我的意愿来。那天我和婆婆两人边痛哭流涕边通电话。挂断电话后，我依然泪如雨下，夹杂着悔恨和对婆婆的歉意，呜咽了很长一段时间。然而当我的哭声渐渐平息直到停止的时候，我的内心和精神反而变得非常清醒。对夫妻关系的留恋、后悔、遗憾、恐惧也变得更加淡薄了。

也许从那时起，我就已经做好了与丈夫分手的准备。我和丈夫之间极其脆弱的关系，最终被这阵瞬间刮来的飓风摧毁。从那之后，自然而然地，我与婆家失去联系，没有打电话的勇气，也没有名分，就这样违背着道义，不管不顾自己内心的不舒服，继续自己的生活。

然而一开始的不在意，却逐渐演变成对公公婆婆的憎恶，那段时间我一次都没有问候过公公婆婆，我只能通过对他们心怀怨恨来掩盖自己的不孝，不然自己都无法接受这样的自己。

之前有人对我说过这样的话："不对啊，都没跟你商量搬家日期就直接通知你了？这不就是明摆着把你挤出去的意思吗？"她的情绪非常激烈，当时我都回答了实际上并不是那样的，但是随着时间的推移，她的这句话却一直在我的脑海中萦绕。

直到有一天，跟丈夫吵架的时候，我吼道："是不是只要没有我就可以了？只要我不在，你就可以赡养你那可怜的爸爸妈妈，你妈妈也不用在疗养院辛辛苦苦赚钱，可以靠你的工资舒舒服服地生活了，不是吗？现在你如愿以偿了！"后

为了不分手，决定分开生活，我与丈夫休婚了

　　来回首一看，我那只是为了不让自己崩溃而采取的自我防御措施。

　　由愤怒、憎恶、背叛、怀疑而凝聚起来的自卑心理，使我闭目塞听。婆婆每天都无微不至地照顾孙子，我对此视若无睹，然而对那些不足的地方，我却全部看在眼里。昼夜温差较大的秋天，我居然在幼儿园看到孩子穿着加绒棉裤。现在才十月份啊！穿什么加绒棉裤……

　　看到我目瞪口呆的样子，幼儿园老师便开起了玩笑："能看出来是没有妈妈的孩子吧？"我并没有感到意外，老师的这句话反而在我的意料之中，因为我刚才也是这样想的。我也不喜欢看到孩子天天都围着用餐围脖的样子，又不是流口水的婴儿，为什么每天都把围脖戴在脖子上。

　　"拜托能不能不要让他看起来像个妈妈不在身边的孩子啊""十二月份到次年二月份才会穿加绒棉裤"，我也给丈夫发过很多次这样的短信，但没有任何改变。婆婆要照顾做完腰部手术之后卧病在床的公公，还要照顾自己的孙子，已经瘦骨嶙峋。看着这样辛苦的母亲，我说的那些话丈夫肯定对婆婆说不出口。

　　十一月份，在父母教育活动的当天发生了一件事情：那

天，家长们以一起喝杯酒为借口，带着自己的子女聚在其中一个孩子的家里。刚从幼儿园回来的儿子，那天也穿着加绒棉裤，在场的其他妈妈都惊呼了一声。"他从十月份就开始穿加绒棉裤了。"听到我似乎早已心灰意冷的语气，大家都投来了惋惜的目光。之后我给儿子换了她家孩子的秋衣秋裤，但也因此妈妈们展开了讨论，主题是"妈妈和奶奶的养育方式"。别人都知道的事情，为什么丈夫和婆婆就不知道呢，真是令人费解。

有一天，天气很热，以"我的标准"来看，孩子只需要穿一件衣服就可以了，但是看到幼儿园老师发来的照片，孩子却穿着两件衣服，头发也都被汗水浸湿了。那一周，我终于忍无可忍，在"通知栏"上写了一段话。当然，这是婆婆每天接孩子放学时都会看到的通知栏。

老师，不好意思，拜托您在孩子上学后帮他脱下外套，让他只穿着里面的衣服就可以了。幼儿园里很暖和，孩子会一直流汗，一到外面透气就容易感冒。

坦白地说，我当时是抱着"婆婆，你快看看这里"的想法写下的这段话。

每周三，我都会去幼儿园附近的图书馆里讲课。那天，我开车去上课的路上，刚右转弯就看到前面有台熟悉的车，那是丈夫的车。一瞬间我的脑子里一片混乱。现在是上午九点三十分，丈夫肯定在公司上班，那现在开车的人一定是……一想到这里，我赶紧把车停在路边。在我前面大约二十米的位置，可以看到是婆婆开着车在等红绿灯。绿灯之后，直到婆婆开车经过十字路口为止，我都一动不动地停在原地。婆婆到底有没有通过后视镜看到我，这并不重要。我到底为什么会躲起来呢？不对，比起这个，我到底有没有完美地躲起来呢？

然而，还是发生了不得不与婆婆见面的情况！往常每周五，丈夫都会非常负责地按时带孩子下楼见我，那天却说因为公司的事情不能按时下班。

丈夫说："我一会儿提前跟妈妈说一声。"我假装没听见丈夫的话，回应道："你就让梅花鹿坐电梯自己下到一楼，我在一楼等他，不就可以了吗？"丈夫也不生气，只是淡淡地说道："孩子自己坐电梯会哭的。"我当时大脑一片空白，一句话也说不出口。"公公做完腰部手术之后，我给婆婆发过短信问候，当时也没有收到回复，我感觉现在和婆婆的关系挺尴尬的……"我跟丈夫吐露了心事，丈夫回了一句："你到时候跟妈妈打个招呼就好，快到家的时候跟我说吧，我再给妈妈打电话。"总不能不去接孩子，但又不想面对婆婆，一整天我心里都很不舒服，心情十分沉重。在抵达丈夫家的十分钟前，我给丈夫打了个电话，然而，他好像在家。我激动得在电话里喊了出来，那是自休婚之后，我用最喜悦的声音对丈夫说的一句话："哈哈，亲爱的！原来你在家啊。"

就这样平安渡过难关之后，过了两周的时间，我又遇到同样的情况，丈夫不在家，我只能自己去找婆婆接孩子。刚听到这个消息时，我第二次被吓得魂飞魄散，但经历过一次之后又觉得没有什么大不了的，总有一天是要面对的。我站在一楼大厅门口陷入苦恼。到底是按密码直接进去呢，还是按键呼叫呢？

801号，呼叫。

我第一次听到自己家的呼叫铃声，感觉很陌生。铃声没响多久，门被打开了。

进到一楼大厅之后，我在大厅里走来走去，如果现在上去时间会有点尴尬，孩子还要穿外衣和鞋子，肯定需要花费一些时间。在八楼电梯口等孩子也不行，在大厅门口等也不太好，最好还是自己在一楼等待适当的时间之后再乘电梯上去。无奈之余，我还读完了贴在公寓公告栏上的印刷广告。等待了一会儿后，觉得时间差不多了，我坐上电梯。一楼、二楼、三楼……我看着镜子，是不是该笑一下呢？四楼、五楼、六楼……婆婆应该好久没见到短发的我了吧，她之前还说过我长发时很漂亮呢。七楼、八楼，叮！电梯门开了，意想不到的是孩子和婆婆都站在电梯口。我慌慌张张，不由得露出尴尬的微笑说道："……妈！您过得好吗？"我从电梯里迈出来一步，站在那里尴尬地握着孩子的手，也接过婆婆递过来的行李。就在我打算往后退一步的时候，婆婆问我："要不要进来坐一坐？"

我跪坐在客厅，看着孩子在兴高采烈地玩着黏土，但是我完全无法集中精神。公公坐在沙发上一言不发，婆婆时不时地会跟我说起孩子在生活上的事。

"你是不知道孩子有多可爱，去幼儿园的时候会跟爷爷说'野爷（爷爷），我气桑学（去上学）啦！'，然后指着自己的娃娃说'跟它一起乖该（乖乖）等我哟，滋（知）道了吗'，然后才会去幼儿园。

"饭也吃得很多，粑粑也拉这么多。

"不过衣服尺码有点尴尬，给他穿110号的话，肚子那里有点儿挤，穿120号又太大了……"

只有我和婆婆在说话，其他人都盯着孩子看。如果没有孩子，我甚至都不知道大家会看向哪里。

跟往常一样，婆婆问我："要不要吃顿饭再走？"我猜不出来婆婆说这句话的意图。她两次劝说，我两次拒绝。我不留下来吃饭有各种各样的理由，比如现在肚子不饿或者氛围令我不舒服，然而真正的理由却另有其他。因为如果我留下来吃了晚饭，肯定又会陷入苦恼之中——到底要不要刷碗呢？还是放着不管？我感觉自己扮演的角色既不是儿媳妇，也不是客人，更像是介于两者之间的人。

大概坐了十五分钟，我准备起身离开。我向一直沉默不语的公公打完招呼之后，跟婆婆一起来到了一楼停车场。让孩子上车之后，我站在婆婆面前道："妈，我对不起您。"

我抱住了婆婆，婆婆哽咽道："是炫，我是真觉得你太可怜了……"

我一直以为婆婆会恨我怨我，不管有什么隐情，毕竟我都是那个撇下她的儿子和孙子离家出走的儿媳妇。只是在当下，面对着儿媳妇，又容易动感情、心软的婆婆露出了她的本性而已吧。但婆婆却对儿媳妇的过错视而不见，依旧只想用爱来包容我。原来，只是我内心的恐惧在作祟而已。"妈，我一点儿都不可怜，我真的过得很好。"我说话的声音比以往更有自信，抱着婆婆的双臂也充满力量。

开着车从公寓后门出来的时候，不知道是不是因为紧张的精神放松了下来，我不由自主地念叨了起来："果然……家可真好啊。"我又一次体会到跟公公婆婆在一起的时候才能感受到的那种特有的舒适感、安全感以及温暖。还有那只属于两位老人家的气场，能让所有的坏心思都烟消云散。突然之间，我想到刚才见到婆婆的那一瞬间：她问我要不要进来坐一坐，我在慌张之中稀里糊涂地回答"好啊"。推开正门进到屋里，屋里暖洋洋的。婆婆马上给孩子脱下衣服，边说："出汗就容易感冒，我们脱个外套吧。"

我重重地拍了一下方向盘。我真的很肤浅，真没出息。那该死的通知栏，好想撕掉它。

一个星期后，因为丈夫出差，我又要跟婆婆见面了，这次，我毫不犹豫地在公寓大厅门口按下密码，直接坐上电梯，到八楼家门口按下门铃，然后在玄关紧紧抱住了孩子。

Part 3
休婚 D-50
期中检查

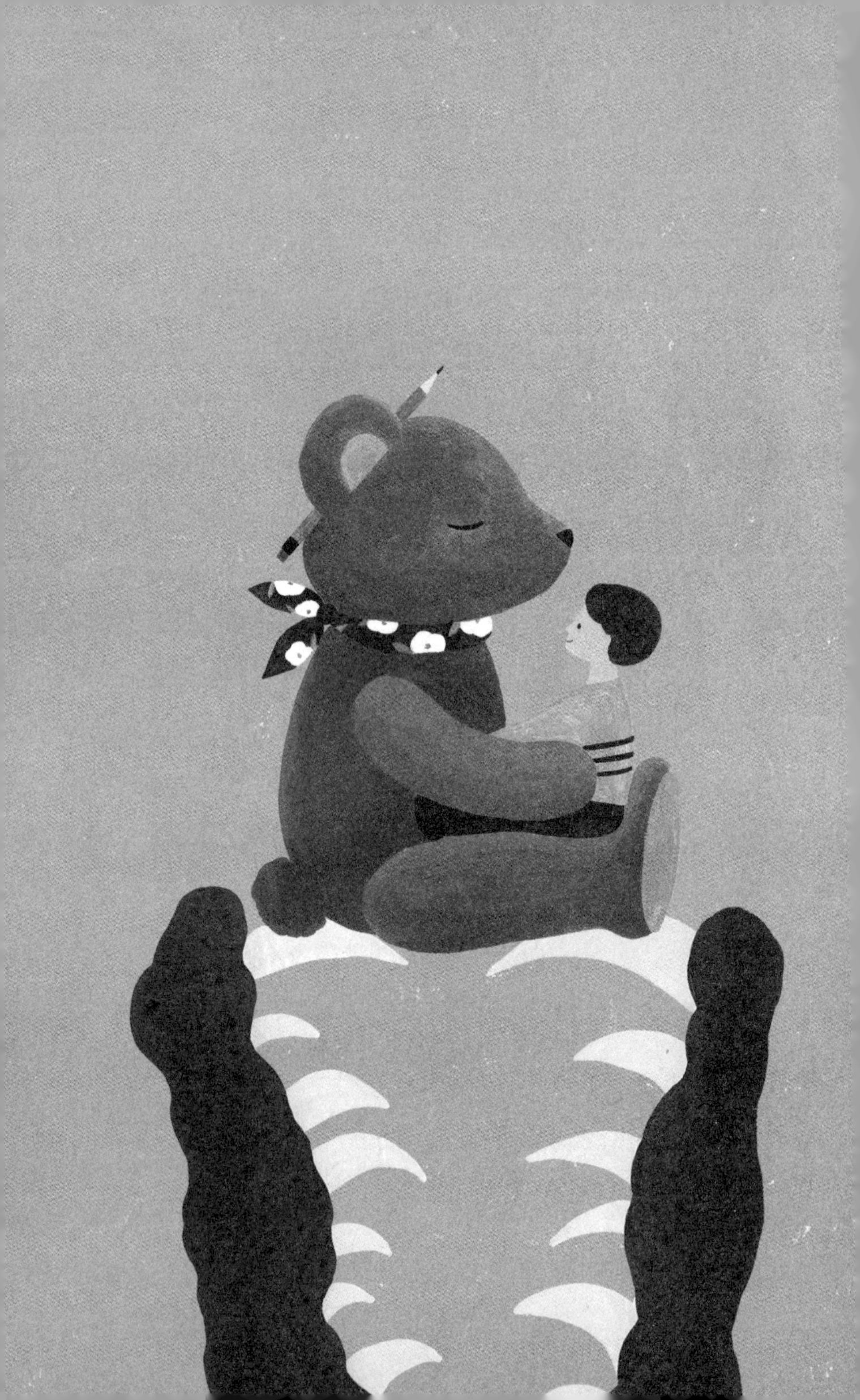

关于事业：重新回到职场的感觉

休婚五十天过去了。

我之前就知道，人生并不会完完全全地按照计划走，回顾我的经历，就能发现确实有很多事情都是当初没有计划过的。

首先，一个月前，我加入大学同学创立的新公司。初始成员只有四名：两位同学、我和一位新招聘的职员。由于创业公司的特点，我拿不到任何薪水。为了生计，明明处于做各种兼职都来不及的状态，然而我却每天都会前往这家不给工资的公司上班。

肯定会有人这样问："在连最基本的温饱问题都迫在眉睫的情况下，为什么会做出这种愚蠢的选择？"我的另一位朋友也说过："真是个莫名其妙的选择啊。"如果丈夫知道这件事，现实且理性的他肯定会向我提出各种各样的建议，同时也会表现出忧虑。丈夫总是对我说："不要谈理想，要活

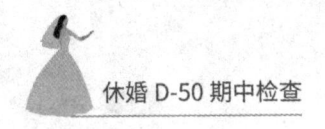

在现实中。"我的选择与丈夫的话完美冲突。

然而我选择创业的理由其实非常简单,那就是我感觉会很有意思。我都这个年纪了,理应是朝着理性所指的方向前进才对,不能一味追求有趣的或者让人热血沸腾的事情。然而现在的我还不想做出这种选择,是不是表明我还不够成熟懂事呢?

几天前,我在图书馆讲课的时候,正巧赶上学习中心的负责人过来参观访问。刚好我准备的课程活动是让大家一起讨论"各自人生中的重要价值",负责人也参与其中。当我说起我的价值是"挑战"时,负责人问道:"那么不断挑战的尽头会是什么呢?"

"我想我对创造属于自己的东西有着强大的欲望,如果我某一天真的做出属于自己的成绩,到时候应该会着手做巩固工作吧。"

"不考虑结果,一辈子都只是不断挑战的话……那家人怎么办呢?"

真是一针见血,负责人非常犀利地指出关键的问题。我也略微停顿了一下,进行了思考。"那家人怎么办呢?"这句话让我心里一震,我究竟是为了什么而选择休婚的呢?经过反反复复地琢磨,我发现自己果然没有什么目标或者梦想,就是想顺其自然地生活,然后在变化中寻找生活给我的启示,再全身心地投入生活的每时每刻……这就是我对待生活的态度。

"我把每一个经验都看作一个'节点'。我相信,对我来说任何经验都有它存在的必要性。不管是休婚还是创业,我都认为它们是构成我人生的重要部分。谁也不知道这个'节点'以后会和哪个'节点'联系在一起。"

实际上,"挑战"这个词本身会给我们带来沉重且模糊的感觉。你认为什么是挑战呢?一次偶然的机会,我听到一个叫崔瑞妍的作者的演讲。在开始演讲之前,她向我们提出了一个问题:

"我今天涂的口红颜色好看吗?"

我看了一眼她的嘴唇,并没有感觉颜色奇怪或者很显眼,就像是她平时嘴唇的颜色。

"说实话,今天早上我做了一个很大的挑战,就是涂了平时没有涂过的红色口红。做平时自己不做的事情,对我来

休婚 D-50 期中检查

说这就是挑战。"

在日常生活中,我们每一瞬间所做的选择,它的另一个名字也许就是"挑战"。对我来说,创业也是挑战,能够创造世界上绝无仅有的价值。

我就是那种放着稳定、安全、宽阔的路不走,非要穿过茂密草丛的人,我喜欢走别人没有走过的路。对于这样的我,妈妈形容我有些"飘飘然",然而我觉得只有"飘飘然"才能飘向"那里"。世界如果需要脚踏实地生活的人,那么也需要像我一样"飘飘然"的人。

献给那些为了梦想而奋斗的人们!

A bit of madness is key, to give us new colors to see. Who knows where it will lead us? And that is why they need us. Here's to the ones who dream. Foolish as they may seem, here's to the hearts that ache. Here's to the mess we make. (*La La Land*, 2016)

"正是那一丝丝疯狂,能让我们看到新的色彩。谁知道它会把我们引向何方?这就是他们需要我们的原因。敬那些敢于追求梦想的人;敬那些受伤痛苦的心，哪怕看起来很愚蠢；敬我们制造的混乱。"

（电影《爱乐之城》，2016）

令人称奇的是，生活就像早已为我做好了准备一样，在我独立后不久，机会来了。

新的工作非常有趣，也多亏同事们对我的能力给予较高的评价，我的内在动力也得以迸发出来。然而与攒下了不少闲置资金的同事们不一样，我目前处于如果不能立即赚到钱，生活就会跌入谷底的情况，他们也都表示非常理解我，所以他们也会让我做讲师的工作时间得到保障，同意我可以在上班时间出去讲课，毕竟这是我的本职工作。

但是随着时间的流逝，我也逐渐形成与同事之间的团队意识，他们的关怀也渐渐成为我心里的包袱。有时，大家都在认真工作，就我一个人因为要去讲课而不能上班，或者要提前下班，这时我就会对他们心生歉意。有一天，在酒桌上，我向他们敞开心扉。既是朋友又是同事的他们，回答得非常帅气：

"你的成功就是我们的成功。"

正因为有这般帅气的朋友们，我才得以在当下与未来中

休婚 D-50 期中检查

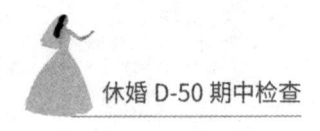

穿梭自如，赚钱的同时也创造出只属于我们的世界。当然，这并不是一件容易的事情，因为我每天都要完成满满的日程安排。看着我一天之内往返于大田、首尔、光明、镇川等地，他们说了一句："要是我，绝对无法像朴是炫那样生活。"

可能是满满的日程安排令我疲惫不堪，平时不怎么赖床的我居然也感受了一波起不来的痛苦。即便如此，如果有人问我最近的心情怎么样，我肯定会回答"超级棒"！

在这段日子里，有时经济压力会令我喘不过气来，有时在体力方面我也会感到力不从心，但是在精神层面上，我却比其他任何时候都富足且感到有趣，觉得每一个日子都值得感恩。比如，油费在我的支出中占据着很大一部分，这着实令人咋舌，不过这同时也意味着我是有车的人；一大早就要坐上长途大巴，这意味着我有事情要去做。我原以为在一段时间内我将无法摆脱无业游民的处境，然而现状是我每天都有满满的日程安排，对此我心怀感恩。

讲课的工作也进行得非常顺利。不知道为什么，我去讲课时主办方给我定的报酬都非常高。得益于此，我也能赚到一点生活费。我之前出席过一个电视节目，叫"韩联社TV"。光明市政府的相关人士看到这个节目之后也给了我一个机会，让我担任光明市主办的"创职论坛"[1]的主持人。我在韩国创职协会里担任专职讲师，协会里的工作也越来越多，明年或许会更忙。还有，得益于我之前出版过的书，我以作者的身份访问大邱，进行演讲。我的第二本书也逐渐接近尾声。

有趣的是，有段时间，我每天晚上都怀着忐忑不安的心情，登录招聘网站查看企业的招聘信息，这些事情仿佛就发生在昨天一样。当然，自由职业者的特性就是"临时雇用"，作为自由职业讲师，我也很害怕十二月份到次年二月份讲座淡季的到来。不过，没课又能怎么样呢？我可以在超市或者餐厅打零工啊！并且，我们的创业公司正在开发一项应用程序，也将于十二月份上线。不管怎么样，肯定能看到接下来的方向。到时候，我再全神贯注于当时所处的情况就可以了。我每时每刻都坚定信心：不要对还没有到来的未来心怀恐惧。总而言之，我只要把今天过好就行了。

---

[1] 创业教育和职业规划。

休婚 D-50 期中检查

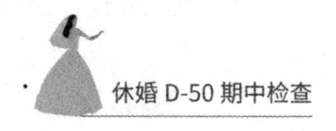

关于孩子：想到孩子，我总会心软

"Gratiae 丛林"是一家我经常光顾的咖啡馆，就像是我的"另一个娘家"。咖啡馆老板娘在得知我和孩子只有在周末见面之后，很认真地对我说："是炫，无论发生什么事情，孩子都要和妈妈在一起。"

其实，这个道理我也知道。我为了能和孩子在一起，甚至还想过归农生活。因为我觉得如果在乡下，即使没有多少生活费，也能和孩子在一起快乐地过日子。

在所有乡村中，最吸引我的地方就是忠清南道洪城郡。与其他那些缺乏教育基础设施的乡村相比，洪城郡在教育孩子方面没有任何问题。那里不仅有全国闻名的生态幼儿园，还有与地区文化密切相关的小学，在培养孩子方面可谓是再好不过了。就这样，我拨通了洪城郡归农归村支援中心的电话，也因此结下了缘分，遇见了一位值得感谢的人。他担任着洪城郡的总务职位，通过他我获得了很多重要的信息，其中之一就是关于"支援'归农之家'事业"的。

据了解，归农的人员在提供的房子里最多可以居住一年，月租也不到二十万韩元，可以说是非常便宜了。恰好在那个时期，忠清南道终身教育振兴院还发布了招聘公告，在招聘三个月短期合同工。我亲自去洪城郡实地查看的时候，总务也给我打电话告知重要信息。据说，村里的医疗院今天也发布招聘员工的通知。总务告诉我联系方式，说今天来都来了，让我顺便去面个试。似乎一切都进展得非常顺利，然而说好月底退房的住户居然推迟了搬家日期，因此我只能通过归农归村支援中心打听其他"归农之家"，可惜并没有空房。我和丈夫协商的搬家日期逐渐逼近，所以最后我不得不搬到了大田，而不是洪城郡。

当时，我正着手做归农准备，丈夫在听到我的归农计划后劝我理性地思考。他告诉我，自己的收入比较稳定，他的爸妈也决定过来和孩子一起生活，因此在抚养孩子方面他的条件比我更优越，意思就是由他来抚养孩子。不过，他还说当我想孩子的时候随时都可以过来看，且等我站稳脚跟之后就允许我把孩子接走。当时的我俩，在激烈的争吵中经常会提及一些法律用语，如抚养权、亲权等，因此我也不确定丈

休婚 D-50 期中检查

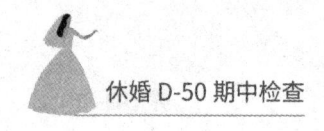

夫到底会不会遵守自己说过的话。虽然我们两个人都答应了进行公证，但不管我们有什么隐情，在外人看来，就是一个妈妈不管不顾自己的孩子离开了家，万一不光彩地走了诉讼程序，法律站在我这边的概率也比较低。因此，我才从一开始就打算带着孩子回乡村，然而情况却不尽如人意。

但自从我们夫妻俩达成"为了更好的关系而休婚"的协议之后，夫妻关系迅速稳定下来，随即我们也约定：以后再也不使用诸如抚养权、亲权等不必要的法律用语。这个决定来自过去对彼此的信任。

最近，从星期三晚上到星期四早上，从星期五晚上到星期一早上，我都会和孩子一起度过。虽然星期三的安排可能偶尔会变动，但无论如何我每周都会严格地遵守星期五的日程。

在我们决定不离婚、选择休婚的时候，妈妈这样对我说道："你再忙，也一定要遵守跟孩子的约定。"我当时表面上答应，说着"我知道了"，心里却想的是"实在太忙的话就没办法了"。

然而，真的跟孩子分开居住之后，我发现并不存在没办法的情况。因为从星期五到星期日，我都不会安排任何授课，也不会约别人。曾经有一位讲师给我介绍了星期六的课程，但当天应该是和孩子一起度过的日子,就被我拒绝了。另外一位讲师从别人那里听说这件事情之后,对我说道:"我知道对你来说最重要的是什么。"其实,只要是孩子的妈妈,应该都会这么做的。

原以为我会思念孩子到彻夜未眠、以泪洗面,然而至今为止都没有发生过这样的事情。我和孩子两个人都在逐渐接受且适应着当前的生活。虽然我的内心深处仍充满着对孩子的思念,不过也没有发生因为思念深切而感到痛不欲生、无法集中精力工作的情况。

但还是发生了一件事情。

我一直相信孩子和我,都会在各自的领域生活得很好,分开生活已经完美地成为只属于我们的生活方式,所以我才能够毫不动摇地在外面一个人过日子。然而,某一天,我在首尔办公室里工作的时候,收到幼儿园班主任发来的短信。

> 梅花鹿在玩丝巾的时候突然号啕大哭了起来。

休婚 D-50 期中检查

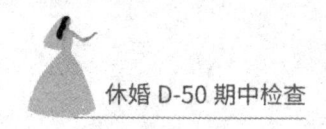

> 嘴里喊着"妈妈",哭得非常伤心。

> 我问他:"想妈妈了吗?"他说:"嗯。"

> 孩子哭得太伤心了,我的心都碎了。

> 可能是摸着柔软的丝巾,想起了妈妈的怀抱吧。

> 孩子说想跟妈妈通电话,您什么时候有空?

你能理解我收到这些短信后是什么心情吗?

"都可以,现在就行,什么时候都可以。"我几乎失去了理智,给班主任老师发完短信之后甚至无法耐心等待回复,想直接回电话过去，正想按下通话键的时候，才注意到了时间——中午12点30分，正是孩子们午睡的时间。于是放下了手机，我再着急也不能给别人添麻烦，老师方便的时候肯定会给我打电话的。

然而等待的这段时间，我却感到心如芒刺。我立马给丈夫打了电话，说我今天没有开车，能不能到车站来接我，今天我一定要带孩子去大田的家里待一晚，为此我还大闹了一番。这件事情以后，我将和孩子的约定排在心中绝对第一的位置。如果我的讲课地点在丈夫家附近，即使是租借别人的房间，我也会跟孩子一起度过短暂的一晚。

最近的我饱受相思病的折磨，随着时间的流逝，对孩子的思念越来越浓。刚开始，为了适应新的生活，我好像忽略了孩子，然而在一定程度上适应新生活之后，孩子的表情、动作、笑容逐渐在我眼前变得越来越清晰。

上个星期刚好是我出来独居后的第六周。那一周，我感觉时间过得尤其慢。星期一，我像往常一样送孩子去幼儿园之后，准备去长途车站，为了搭乘开往首尔的长途大巴。在前往长途车站的路上，我就已经开始想念孩子了。我经常会以为：今天应该是星期四了吧，明天就能见到孩子了，然而

休婚 D-50 期中检查

　　看了一眼日历，发现才星期三。我原本以为自己能和孩子一起度过一周当中的一半时间就很满足了，然而我又低估了自己对孩子的思念。其实你会发现，很多事情当你面对的时候要比想象中容易解决，然而我逐渐感觉和孩子的分别比想象中还要令人难以忍受。

　　这周我特别想念孩子，所以我不停地抚摸、拥抱他。然而孩子却总想挣脱我的怀抱，好像认为自己已经长大了一样。他只有在需要我的时候才会过来要求抱抱，其他的时候还会摆出一脸敷衍的样子，着实令我伤心。在孩子睁着圆溜溜眼睛的白天，我不能想抱就抱，只有在孩子睡着的晚上，我才能如愿以偿。我让他枕着我的胳膊入睡，也能轻轻摸一摸孩子的头发，也偷偷亲吻了他无数次。中途醒过来，我也会始终看着孩子的脸。

　　这下可麻烦了，说不定不久之后我真的会迎来想儿子想得彻夜未眠、以泪洗面的日子。最终，我决定将居住地从大田搬到忠清北道阴城郡。我想搬到离孩子稍微近一点的地方，这样就可以跟孩子多待一会儿，哪怕是几个小时也好。钱可以再赚，唯独思念孩子却见不到这件事情着实令人备受折磨。

在父母教育活动上，我们曾就"为了孩子忍受婚姻 VS 为了孩子选择分手"的话题展开过讨论。虽然说有的父母会为了孩子选择继续在一起生活，然而对孩子来说，他们凭直觉是能够意识到父母之间关系的变化。一个家庭如果没有了亲密且积极的相互作用，只是维持着家庭的形态，还可以称为真正的家庭吗？我们沿着这个问题继续进行讨论。

学习小组的成员都已经是孩子的父母，然而同时他们也是子女，其中一些成员表示，哪怕是现在，也希望父母能够离婚。数十年来，看到父母针锋相对、唇枪舌剑的样子，子女感受到的疲劳程度和不安感相当强烈。最终，在这场"为了孩子忍受婚姻 VS 为了孩子选择分手"的讨论中，后者以压倒性的优势获胜了。我也是在发现孩子习惯我们夫妻之间的争吵之后感到痛彻心扉，最终才决定和丈夫分开生活的，从这个立场上来看，我做的选择并没有错，我感到十分心安。

然而最近，我对此产生怀疑。当然，我并不后悔自己做的选择，即使重新回到当初，我也会做出同样的选择。只是我最近感觉到孩子也许更喜欢和父母一起生活，哪怕我们之间只是徒有其表的夫妻关系。

休婚 D-50 期中检查

丈夫的公司每年都会举办"家庭徒步大会"。我们今年也报名参加了比赛,这是休婚五个星期后,我们一家人第一次聚在一起的时光。孩子喜出望外,看到孩子开心的样子,我们夫妻之间尴尬的氛围也逐渐得到缓解。虽然不能准确地用语言来表达,但是从那天起,总感觉我们的关系进一步接近"家庭"的形态。我们之间的联系越来越多,会经常相视而笑,在一起的时候也不会感到尴尬。

孩子身上可以倒映出父母和家庭的影子,这一部分应该是需要我们去解决的永恒课题。世界上很多身为"表面父母"的夫妻应该都会知道,这并不是为了子女而演的戏,而是为了子女而做的另一种努力。我们都试着在"虚有其表"的意义上赋予另一种价值。

对"结婚学期制"进行简明扼要的总结

我和朋友们聊了很多有趣的话题。作为三十多岁的普通男人，他们也和同龄女人一样，各自都有对婚姻的苦恼。其中K某在不久以前和女朋友分手后，朝思暮想，久久不能释怀。这时有一位精明能干、貌美如花、家世显赫的女人向他求了婚。然而对前任念念不忘的他，和别的女人交往越久，就越会想起前任，他正处于这种奇妙的状况下。"求婚女"明知道K某的情感往事，还是再次求了婚。令我感叹的是，她的求婚对于刚开始创业的新企业家K某来说，是一件非常具有吸引力且"炫酷"的事。

"我有足够的能力，这样就算你的公司倒闭了也无关紧要，你就当给自己买了份保险呗？"

听完这位"新女性"的求婚后，我开玩笑地说道："哇，

休婚 D-50 期中检查

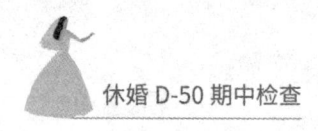

"要不我跟她结婚吧?"

在一个迷迷糊糊还没有睡醒的早晨,我们围绕着这个话题哈哈大笑,开始了新的一天。以下是我们无聊的对话内容:

K:又要结婚?你是婚姻收藏家吗?

我:怎么,男人女人都试一下嘛。

K:这位朋友很有抱负呀。

S:休婚第二季。

K:实行婚姻学期制。

K:朴是炫 1 年级毕业后休婚,正在考虑复读。

S:参加高考 34 次。

K：拿到录取通知书后，正在考虑中。

S：我不想学习。

K：S的父母肯定会说"不管怎样，有没有毕业证书是有天壤之别的哦"。

S：我爸妈想戴戴我的学士帽。

我：那怎么才能做到硕士呢？

S：一妻多夫制？

K：三代人组成一个大家庭住在一起，最后成为解决婆媳矛盾的专家。或者老年离婚后再婚。

我：什么呀，最后怎么都回归婚姻生活了？

休婚 D-50 期中检查

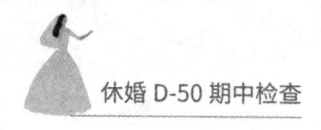

> K：反正想要学士卒婚，就得先入婚[①]啊。

> S：好难啊，我就当个高中毕业生得了。

> K：S，宣布放弃入婚，直接准备老年生活。

休学，代表着总会有再次回去学习的时候。一天早晨，我有了这样的想法，如果说婚姻生活是人生中的另一所学校，那么休婚应该是一种福利制度吧。

[①] 入婚：文中指进入婚姻状态，即结婚。

Part 4
时而分开、时而一起,我们的休婚就这样持续着

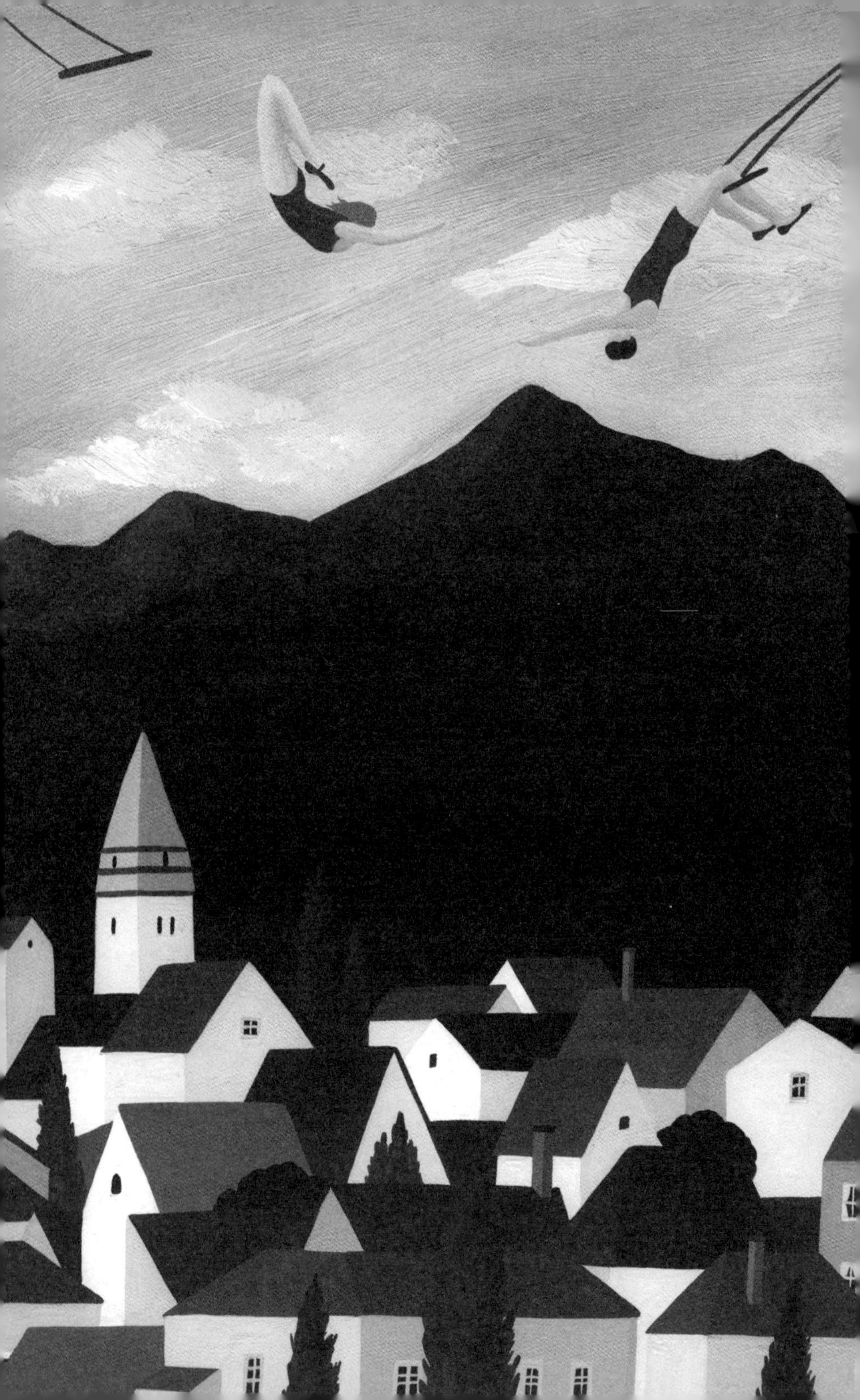

Gratiae 丛林

镇川城镇住宅区角落处有一片"小丛林",就像小鸟们会去小憩片刻的树林一样,人们也会像小鸟一样,扑扇着小翅膀飞过来,叽叽喳喳,又会马上离开,那就是名为"Gratiae 丛林"的咖啡馆。对我来说,这里既是灵魂的休憩之地、与书友的交友之地,也是可以尽情发牢骚的"第二个娘家"。

我是怎么来到这个热热闹闹的地方的呢?

这里有一位具有号召力的人物,她没有华丽的口才,也没有漂亮的脸庞,但不知为何她的周围总是聚集着很多人。"Gratiae 丛林"咖啡馆里充满着奇妙的结缘方式,只要一来到这里,大家都会被牵扯在一起。鲜花农场老板、退休的教师、书法老师……人们的缘分就像绳子一样缠绕在一起。

"两位快过来一下,打声招呼吧。"随着咖啡馆老板娘的一句话,我们会犹犹豫豫地与对方打招呼。就这样,不管

时而分开、时而一起，我们的休婚就这样持续着

你愿不愿意，都会和其他人围坐在一起喝茶。有一次，中途加入了一位，又加入一位，最终有四五个人围坐在一起聊起了天。

这里进进出出的不只有人，流浪狗也会到这里稍作休息，野猫们也会理直气壮地找上门来。这里混杂着各种结缘方式。在这里，我们的文学聚会也开始了。初次见面的那天，我跟老板娘坦白了我想一辈子写文章的想法。听完我的话，老板娘突然问我："我们店里有几位客人对文学非常感兴趣，你要不要见一见？"我本以为她只是随口说说而已，然而，下周二，我们七个人真的聚在一起了。就这样，"衔接文学会"成立，咖啡馆也变成沙龙。

我从出入"丛林"开始，突然也会期待春天的到来。这是因为关于"春天咖啡馆"的传闻不绝于耳。听说天气变暖的时候，咖啡馆里会遍地开花，每年春天，鲜花农场老板会往咖啡馆搬各式各样的花盆和鲜花，以至于会给人一种错觉：这里是不是一家花店？没过多久，我和他不期而遇了，我表达出我对乡村共同体强烈的兴趣，这让他喜出望外。鲜花农场老板说他成立了很多合作组织，正在极力推进乡村事业。从那天以后，咖啡馆就变成"邮局"。鲜花农场老板会把乡村共同体和合作组织的相关资料放到咖啡馆里，我呢，有时

间的时候便会把资料拿回来。只是"感兴趣"的程度而已，大家却愿意鼎力相助，这种乐于助人的氛围让我感到很温暖，使我如沐春风，我的心里，早已是春天了。

之前，对我来说，咖啡馆就是一个工作的地方。我一般会坐在最隐蔽的角落，锁紧眉头，紧盯着笔记本电脑，这是一种无声的警告，像在告诉着其他人："不要侵犯我的领域""不要靠近我。"我更喜欢大一点的咖啡馆，因为我可以将自己隐藏在各种各样的人群当中，空间越大，我就越容易隐藏自己的存在。然而现在，别说是隐藏自己，就是在这间小小的咖啡馆里，我也只能肆无忌惮地暴露自己。我被这间小小的咖啡馆深深地吸引了。在这间小小的咖啡馆里，只有三张桌子，老板娘那半黑半白的头发也只是用晾衣服的夹子随手一夹，非常随意。抿一口咖啡，会发现咖啡非常香醇，都不敢相信是她的手艺。总之，"Gratiae 丛林"有它独具的魅力，即使会暴露真实的自己，我也喜欢待在这里。

"今天我一定要好好读书。"每次我下定决心，选择角落里的桌子，坐下来准备专心读书时，也依旧会被老板娘打断，"快快过来打招呼吧"，不过我真的很喜欢这个地方。来喝咖啡的客人会把自己买来的草莓拿出来和大家一起分享，大家也会很自然地吃起别人的草莓。在这里，新的关系会"稀里糊涂"地联系在一起,然而并不会给人一种不舒服的感觉。我认为"Gratiae丛林"的客人们并不是为喝咖啡而来的,而是想和他人聊一聊。

WHO

休婚之后,我第一次来到了"Gratiae 丛林"。在不到一年的时间里,我和五十多岁的咖啡馆老板娘结下了颇深的缘分。之前我并没能提前告诉她我搬到了大田,心里有点儿过意不去。我将车停在咖啡馆门口,刚从车上下来,就正好和刚走出咖啡馆的老主顾相遇了。我和她并不是很熟,只不过是之前一起参加过烹饪活动,也经常坐在一起喝茶。她跟我说家里有点儿急事,去去就回,我也就没有多想,走进了咖啡馆。

我与咖啡馆老板娘足足聊了一个多小时,不知不觉间到了该回家的时候。老板娘也说今天想早早下班,就着手准备打烊了。就在那时,刚刚那位老主顾又回来了,然后把拎过来的纸袋子递给我。我满脸疑问地将袋子里的东西拿了出来,仔细一看,原来是小菜,我瞬间感动得都不知道该说什么好了。炒鳀鱼干、腌番茄、葱泡菜和饺子,对我这种冰箱里空

时而分开、时而一起，我们的休婚就这样持续着

空如也的人来说简直就是最好的礼物。不仅如此，里面还有儿童铅笔套盒、儿童凉鞋和软糖，是给我儿子准备的礼物。我感激涕零，当场打开装有小菜的盒子，尝了尝味道，也用手机拍了很多张照片。我再一次表达对她的感激之情，然后把小菜盒子装进后备箱里。后备箱的另一边还有一袋米和一桶萝卜片水泡菜，这些是咖啡馆老板娘刚刚给我准备的东西。开往大田的路上，从泡菜桶里一直散发出一股香气，我的内心早已充满温暖。她们是如此亲切，如此充满好意，给予着我无尽的温暖。

　　休婚之后的那段时间，对我来说是难忘且特别的，因为在这期间我发现了身边的"WHO①"。The Power of Who 是美国顶级猎头企业首席执行官（CEO）撰写的一本书。2009年，这本书在韩国发行时，副标题是"我拥有100个人的力量"。作者指出："人们在寻求帮助的时候，会向完全不相干的人求助。举个例子，如果想找工作，我们会浏览各种招聘网站，将简历发给毫无相干的负责人，之后就一直等待着对方的回复。但其实我们每个人都拥有100个友军，然而之所以我们总是向不相干的人求助，忘记身边的朋友，是

---

① 文中指作者身边那些能够帮助自己的朋友。

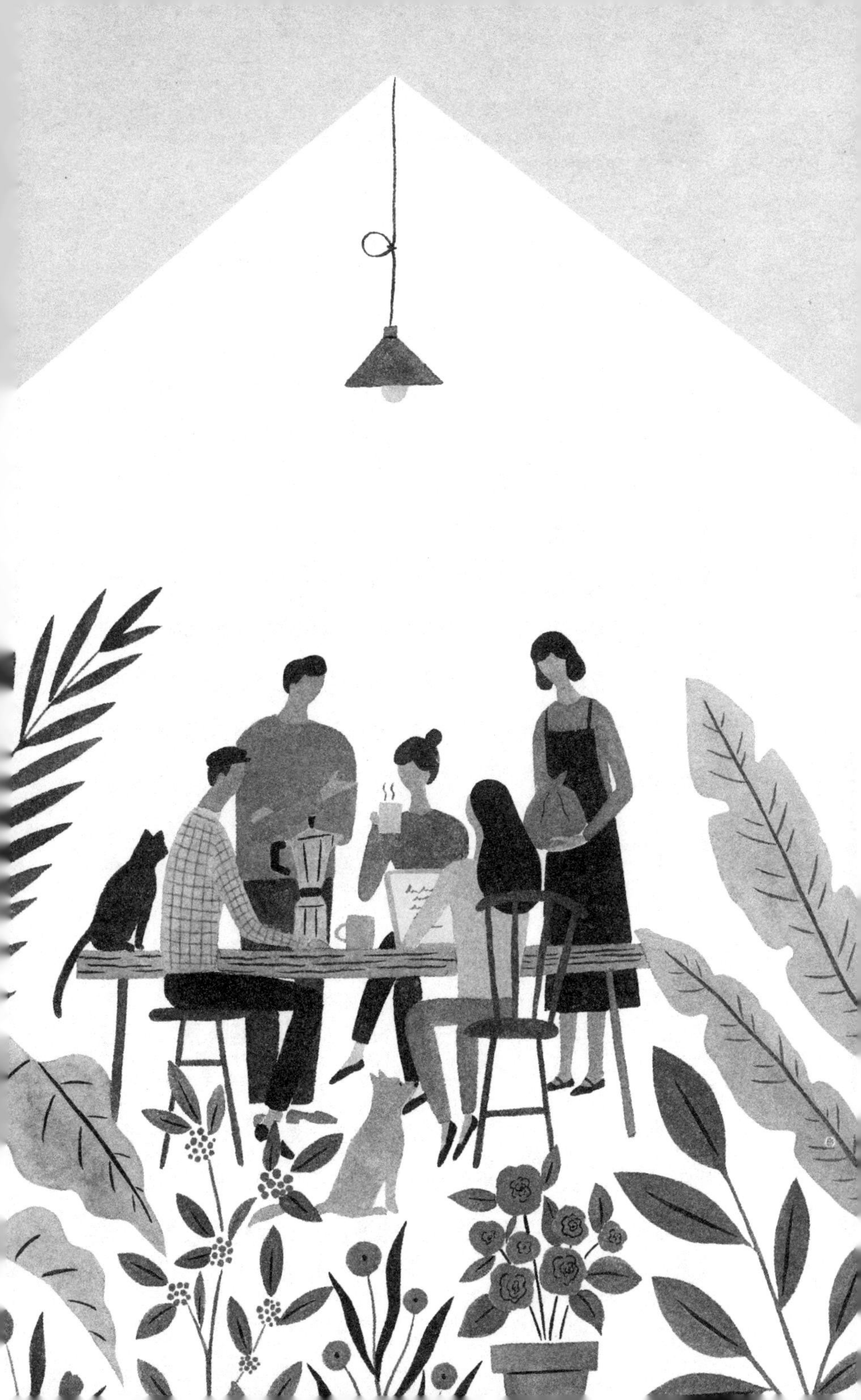

时而分开、时而一起，我们的休婚就这样持续着

因为我们都小看了友情。其实，能帮助我的人早已在我的心里。"

在休婚之前的一个多月里，我一次都没有向"外人"寻求过帮助。和我结缘的人、了解我的人都非常乐意帮助我。小到饭菜，大到房子的保证金，甚至精神层面，大家都施以援手，鼎力相助。"WHO"，并不是指完全不认识的人，而是指我的朋友们。其实，我以前很少向朋友们寻求帮助。在证券公司上班，需要我完成新开户配额任务的时候；当我遭遇贷款诈骗，欠下巨额债务的时候，我都没有向朋友求助。因为我觉得这对朋友来说是一种负担，同时也有可能连累他们。

朋友之间就应该共享开心、快乐、积极的正能量。从心理层面我们可以依靠朋友，但是寻求经济上的帮助是迈向不健康关系的第一步。我一直都是这样认为的。

三十四年以来，我第一次向朋友借了一笔巨款，一百万韩元。不，严格地说，不是我向她借的，而是她非要借给我的。朋友需要照顾刚出生六十天的小宝宝，她会一边给孩子吃奶或哄孩子睡觉，一边和我通电话。她不仅知道我们休婚的来龙去脉，也知道我和丈夫之间的矛盾。从我和丈夫选择战略

性分手的那一刻起,她就对我们每天都在变化的状况了如指掌。有一天,她对我说:"看情况,你估计都拿不到找房子的钱,如果需要,不要找别人,直接找我吧。"

事实也是如此,我的确面临这样的情况。那时,有所察觉的她,知道我不好意思开口,考虑到我的心情,就先问了问我:"你需要多少?"她本想借给我更多的钱,多到缴完保证金还会绰绰有余,还跟我说不要着急,慢慢还也行。不过,就算是找朋友借的资金也都是债务,迟早是要偿还的,这对我来说也是一种负担。我和她说出了这样的心里话,然而朋友还是执意要借给我钱。

"那这样吧,我真正需要的时候一定会跟你说的,你到时候再帮我,好不好?"这件事情就这样告一段落。

朋友Y也是这样对我说的,她之前一直都没有意识到攒钱的必要性,赚多少就花多少,现在她却有了攒钱的想法。她还边叹气边说:"你需要我帮忙的时候,我连能拿出的余钱都没有。"通过我的这件事情,她思考了好久金钱的重要性。我说:"你不要这么想。"她却充耳不闻,自顾自地下定决心:"我一定要赚很多钱。"然而,她也许忘了一件事,那就是我们每次见面吃饭喝茶,都是她付的钱。

时而分开、时而一起，我们的休婚就这样持续着

有一天，她还向我提议一起策划一个"初高中生前途规划"项目。据说，起初是公司给她分配这个企划案，然而这个项目的日程安排得非常紧凑，也有很多繁杂琐碎的业务，她就犹豫了。K知道这件事情后，给Y打了电话，说："这个项目，我们一起做吧。我想我们能给是炫做的也就只有这些了。"Y跟她说："K，我们已经给了是炫很多精神层面的帮助。"然而，K执意认为，她们应该向我提供实质性的帮助。为了让我有活干，甘愿接受这个需要我们三个人一起做的项目，她们就是我的"WHO"。

在我的身边，有埋怨我一个人在大田，说愿意每个月赞助我二十万韩元月租，让我赶紧搬到首尔的"WHO"；有不怎么说话却默默支持着我的"WHO"；有买一堆紫菜、午餐肉等食物送到大田房子里的"WHO"；还有对我的现状展开理性的分析，看到我受伤的样子，用玩笑话语来逗我开心的"WHO"；对我说"是炫，你真的闪闪发光"，想让我重新站起来的"WHO"；当我漫无目的地去打听归村生活时有幸结下缘分，给素未谋面的我提供房子的信息，也告诉我找工作的方法，给我细致帮助的"WHO"；血浓于水，说出逆耳忠言的"WHO"；在我宣布休婚的博客上留言支持我的"WHO"……

有一天，有人对我说了这样的话："是炫，我想了一下，如果我处于和你一样的情况，我到底能向多少个朋友说出'帮帮我'呢？打个比方，有多少朋友会爽快地借给我一百万韩元呢？我扪心自问了一下，然而我好像没有这样的朋友。"我回顾了一下我的资产——"WHO"，我也希望总有一天我能成为别人的"WHO"。

你拥有"WHO"，你的"WHO"也拥有他们的"WHO"，而且，他们的"WHO"也拥有属于他们的"WHO"。就这样，"WHO"会不断地扩散。
(Bob Beaudine, *The Power of Who: You Already Know Everyone You Need to Know*, Center Street, 2009)

时而分开、时而一起，我们的休婚就这样持续着

职场生活 VS 家庭生活

"我着急，先走了，拜拜！"

星期五的下午六点，我匆匆忙忙地走出了办公室，听到背后有个朋友说"看来确实很着急"。我哈哈大笑起来。没走两步，我突然想起来一件事，就立马转身回到工位上。

每周我们都有值日的分工，这周我负责的是扔垃圾，然而差点儿就忘了拿已经打包好的垃圾袋。办公室里年纪最小的同事说："姐，那个我来弄吧。""不用不用，我自己来。"刚说完，一手拎着垃圾袋打算出门的时候，另一个朋友又喊道："是炫！别忘记拿这个！你这脑子！"

和朋友们一起创业，已经过了两个半月的时间了。明明我们也是每周工作五天的上班族，然而大家都还领不到薪水。多亏有讲课的收入，我还能再坚持一段时间。原先计划十二月底上线的应用程序，由于开发人员的原因，正在被无限期

地推迟着。招聘销售人员的事宜，也比想象中还要艰难。然而令人意外的是，在这种情况下还有人愿意不计报酬地加入我们。他是一位销售组长，管理着一款房地产市场排名第一的应用程序。当时他只是为了打声招呼才来到我们的办公室，后来却"鬼迷心窍"地说要帮忙，于是就开始上班了。

虽然还没有正式开始业务，但我们公司也被认证为"技术保证基金风险企业"，还入选"社会性企业培养事业"的名单。之前申请的各种政府资金也陆续得到审批，我们也从一家有名的风险投资公司得到投资，还和许多其他初创企业的同龄年轻人进行交流。学习不懂的领域对我很有益处，主要是很有意思。最近见到的熟人都会和我说道："气色不错啊！"或者"你看起来红光满面啊！"我并不是为了赚钱而工作，而是随着自己的意愿做选择，看起来，结果却比想象中还要好。

"您具体做什么工作呢？"对于这一问题，我很难用一句话来总结。我的工作内容是与不同的人会面、做汇报、制作文案，也会在脸书（Facebook）上上传一些内容。招聘销售人员时，我会担任面试官；看完应用程序的模拟试验，我会进行反馈并召开会议。我还负责制定销售方面的培训课程、整理茶水间、打电话催促开发人员。现在正是"Work"的时代，而不是"Job"的时代。有时，我也会对自己的能力感到不安，但一想到我们每个人都扮演着独有的角色，我又会重新振作起来。的确，在职场生活中得到的成就感，与我在家庭中得到的完全不一样。在职场上，贴在我身上的各种修饰语并不存在，我就是我自己，仅此而已。

当然，在我扮演妈妈以及妻子角色的时候，也有只属于这个角色的快乐。星期一，我会组织读书社团的活动；星期三，我会和同龄的妈妈们一起参加父母教育活动。我会去图书馆听讲座，也会去"Gratiae丛林"咖啡馆和老板娘一起喝茶。有时，得到附近有个不错的房子待售的消息，我就会和咖啡馆老板娘一起去看看。我和参加父母教育活动的其他成员轮流办乔迁宴，偶尔还会聚在一起喝酒。有一天，送孩子上幼儿园之后，我一边吃着奶油煎蛋松饼，喝着咖啡，一边望着窗外，突然有了这样的想法："我现在怎么像是在过退休后的老年生活啊？"

一般在大城市里忙忙碌碌生活的人，都希望退休以后到幽静的乡下，过着悠闲自在的生活。这不就是我现在的状态吗？从大城市过来的妈妈们来到这小县城里之后，经常会感到压抑或者抑郁。然而，小县城生活却很适合我。一边读书，一边写作，我的生活非常充实。跟别人不太一样的是，我反而想躲进更深更隐秘的角落里，因此经常会去逛乡下的空房子。

我也开始写书了，一本、两本……这是简单又朴素的生活给我的礼物。从小学开始，我的梦想就是成为一名作家。"明年我的书一定会出版！"从20岁开始，每到年终岁末，我都会许下这样的愿望。然而，这一梦想，经过近二十年的时间，终于实现了。

我想一步一步地成为作家、演讲家，并站稳脚跟，可以不受任何时间和地点的限制，就像每周工作三天的游牧民族一样。自由自在地从事了五年多的自由职业之后，我都怀疑自己之前到底是怎么工作的，连我自己都感到非常不可思议。然而，现在的我，又成为按时上下班的公司员工！不仅仅是我一个人是这样的情况，创立这家公司的朋友K，之前是一家公共电视台的节目制作人。他离职的理由，就是想自由地安排时间。在我们公司担任销售人员的朋友S，曾是一家大企业广告代理公司的策划人员，他的离职理由是极其讨厌加班。

然而现在呢？K代表天天被政府机关、公共机构、投资机构呼来唤去，每天都在争分夺秒地写各种报告书、项目策划

时而分开、时而一起，我们的休婚就这样持续着

书和文案，时间都用光了。销售人员 S 呢，明明本职工作是销售，却因设计感很强，目前还在兼职着"业余"设计师。他就像一尊雕像一样，自始至终坐在一个地方，不仅设计应用程序、名片、广告宣传单，还制作用于展示的 PPT，可谓是加班加点满负荷运转。然而，我们当中没有一个人会抱怨，因为这样的生活确实很有意思。自己去寻找自己最为擅长的事情并将它做好，这是在我结婚之前从未感受过的劳动的乐趣。

在一家公共机构举办的创业大赛中，我们最终进入前八强的时候，发生了这样一件事情——由于日程十分紧迫，我们每天都会工作到凌晨两三点才下班。企划、PPT 设计、创业项目，一切都准备得非常完美。最后的汇报工作成为整个比赛的关键点，然而，是我负责汇报的工作。在自己的课堂上，我可以随心所欲地说出自己想说的话，而现在，为了赢得比赛，我不得不用他们想听的"语言"来做汇报。讲课和工作汇报截然不同，如果用比赛说明两者的区别，那么讲课是我的主场比赛，工作汇报就是客场比赛，不仅如此，还是需要打败竞争者的丛林生存赛（Jungle League）。同事们日夜辛劳布的局，全部掌握在我的手里。我感觉自己一个人孤零零地站在宽大的球门前，如果阻挡不住飞过来的球，比赛就会以失败告终。

随着比赛日期逐渐逼近，汇报的压力也在逐渐增大。最终没能战胜心理负担的我，居然在聚餐时哭了出来。我下定决心，无论如何都不能给他们添麻烦。就这样，从第二天开始，不管周围有没有人，我都会反复练习。真正到了比赛当天的早晨，我却感到异常的心安，不紧张也不害怕。朋友们问我心情怎么样，我回答道："我现在反而什么想法都没有。"

参加比赛的有八支队伍，我们的上场顺序排在第四位。我看着前面几支队伍的汇报，内心十分平静。终于轮到了我们，十五分钟的汇报过后，我最担心的十五分钟问答环节也圆满地结束了。最终，我们获得了第二名。与上课的时候截然不同，我不仅感受到喜悦和成就感，也得到同事们对我的认可！那天我们欢天喜地，烂醉如泥，一起迎接了初雪。

不管是安安稳稳的家庭生活，还是忙得焦头烂额的职场生活，都是属于我的生活形态。有人也这样问过我："你一直待在乡下，来到首尔感觉是不是更好？"其实，没有什么更好，安稳的生活也好，忙得不可开交的生活也罢，都是我心甘情愿、甘之如饴的。

不过，也有一点会令我困扰，在照顾孩子的时候，我的工作经常会被迫中断。备课写教案或者写作的时候，由于丈夫或者孩子的原因，我经常会不得不停下笔。在所有家务的排行中，我的工作是排在最后一位的。等到把孩子哄睡着之后，我才能开始写教案，转眼就会写到凌晨三四点。即使收到讲课的委托，我也得配合丈夫和孩子的日程安排。比如，丈夫不能接送孩子上学放学，或者需要我到其他城市住几天，又或者由于某种原因我长时间无法回家，在这些情况下我都不能答应。因此，讲课这件事情，给我的感觉不像是一项工作，而是更加类似于一种活动。不过，这也不错。我认为已婚女性可以做的工作当中，最好的就是成为自由讲师。因为在时间方面相对来说会比较自由，且考虑到工作时间，收入也相对比较可观。

然而在休婚之后，离开丈夫和孩子，作为独立的个体开始工作，我发现这又是一个迥然不同的世界。没有任何干扰，也不会打乱我的节奏，我可以把自己所有的精力全部投入工作上。当然，成果也很显著。和家人在一起的时候，需要花费好几天的时间才能完成的工作，我可以在一天之内完成。不仅如此，加班、聚餐也都很自由。结婚之前，我并不知道工作环境有多重要，然而经历过婚姻生活之后，我才意识到它的珍贵。可以自由自在地，且按照自己的意愿随心所欲地安排时间，是多么棒的一件事情啊。对于这平淡无奇的真理，未婚的女性们固然会不知所以，但已婚的女性们肯定会感同身受。

在父母教育活动中，我们聊过这样的故事。学习成员 H 姐曾在某富人区经营过一家连锁面包店。在她发布招聘临时工的信息之后，社区的阿姨们纷纷过来面试，最终雇用了其中几位。然而，她却发现雇用的阿姨居然开着奔驰来打零工，还有一位临时工也有属于自己的游艇。当时，雇主和临时工，在身份与身价上的颠倒，令她印象深刻。然而尽管如此，她本人却仍担心自己会被"认出来"，至今都不敢去打零工。S 姐呢，之前经营了一家英语学习班，目前由于生二胎暂时休息，她说："我也一样，等我把孩子抚养长大，想去工作的时候，如果能去的地方只有超市，那肯定是会很悲伤的。"在一旁沉默不语的 E 姐，是一位正在休育婴假的小学老师，她突然说道："那个面包店所在的位置是富人区，也许是因为附近的人都知道阿姨们拥有很多资产，所以才不怎么在意的吧？大家一看就知道她们不是为了赚钱才去做临时工的啊。"记者出身的 Y 姐提起小说《82 年生的金智英》里的故事：

主人公看到冰激凌店门口贴着的招聘信息，走进去询问工作内容；里面的临时工说没有什么难的，只要熟悉怎么舀冰激凌就可以了。接着主人公问给不给缴纳社保，临时工说不给。主人公大失所望，准备转身离开，这时，临时工冲着主人公的背影这样说："女士，我也是大学毕业的。"

听到这个故事的一刹那，我不寒而栗。的确，这就是惨不忍睹的现实。在社区里打零工的阿姨们，其实也和我很像，一位是毕业于名牌大学音乐学院的高才生，一位曾是青瓦台的记者，还有一位是教师……看着那些坐在我眼前的妈妈就能知道，我可以重新回到全职工作岗位的原因，并不是因为我的能力比她们出众，而是因为我暂时摆脱了育儿这个任务罢了。

未婚时和成为孩子妈妈后，在职场中的生活给人的感觉截然不同。现在，我非常感激有个每天都可以上下班的公司。而且令人称奇的是，经历了十多年的职场生活以及社会生活之后，我也在不知不觉中打好了自己的功底。我原以为自己还停留在二十四岁刚步入职场时的样子，然而实际上我也积累了不少经验。证券公司、教育部门、销售人员、讲师、作家、婚姻、家庭主妇、育儿，这些看起来彼此毫不相干的经历，却有机地结合在一起，成就着现在的我。

另外，我也开始理解了之前无法理解的事情，比如，工作结束后明明那么累，为什么丈夫还每天都会喝酒（因为越努力工作，就会越想喝酒）；聚餐时肯定也吃了不少东西，为什么回家之后还要吃饭（因为喝酒之后容易感到肚子饿）；结婚之前那么孜孜不倦地运动，为什么最近又突然不做了（别说运动了，连洗澡的力气都没有）。我正一点点体验着一家之主的生活。

我曾好奇过为什么存在"社会性动物"一词，却没有"家庭性动物"这样的表述。其实，能表达自己的意见，与同事们进行激烈的讨论并一起合作，这种社会生活的确令人筋疲力尽，不过也确实充满着魅力。就像如果没有经历过职场生活，就永远都不会知道工作经验的如影随形一样；如果没有经历过家庭主妇生活，就肯定不会知道工作带来的快乐。在职场生活感到疲惫的人会希望回归家庭稍作休息，而对家庭生活感到疲惫的人又会怀念职场。无论如何，我们只有了解黑暗，才能知道光明。有些东西也只有在黑暗中才能看到。就像我们将昼与夜统称为"一天"一样，所有的经验也终将统一在一起。

单亲家庭

每隔五天见到一次孩子，我都会大吃一惊。"你现在都知道这样的词语了？"孩子的发音越来越清晰，他的词汇量也令我不禁大吃一惊。"妈妈，我想吃冰！" "嗯，好啊，你想吃冰激凌了吗？"孩子们说话难免会吐字不清，不过自己家孩子说的话，只有妈妈才能听懂，就算他说得再不清楚，我也能心领神会。连亲人和朋友们对我和孩子的沟通能力都深表钦佩。

在血脉相连的娘家也会发生类似的事情。有一天在家，孩子一直在要求着什么，但是，不管怎么倾耳细听，我们都听不明白。我妈妈和外婆凭着自己的猜测试探性地说出了几句，"想喝梨汁了吗？" "是苹果汁？" "游乐场？"然而都不对。经历了几轮的猜测试探，孩子因为着急而哭了起来。她们不管怎么费尽心思都想不出个所以然。然而，回想着孩子的行为，我不断推理。瞬间，我喊着"我知道了"，向孩子跑了过去问道："梅花鹿！白雪公主！你是不是在说想看白雪公主啊？"

我妈妈和外婆满脸困惑，孩子说的怎么就是"白雪公主"呢？

不过也是，因为妈妈和孩子之间的语言沟通和非语言沟通，会随着时间而积淀。同样的一个词"奶奶"，我家孩子会叫"呢奶"，有些孩子会叫"来来"。据说，由于初高中生都会在学校食堂里就餐，所以将他们使用的语言叫作"食堂体"。不仅如此，也有婴幼儿的专属语言，叫"奶粉体"。简直就是第三语言的盛宴啊！在此过程中，真正可以做到一听就懂自己孩子到底需要什么的，只能是孩子的主要抚养人。换句话说，只有和孩子朝夕相处的人，才能听懂自己孩子的"外星语"。

知道这个道理的丈夫，也会悄悄地告诉我："最近梅花鹿喜欢看《玩具总动员》（*Toy Story*, 1995），但是他会把'玩具总动员'说成'大海的故事'，和你说一下。"就这样，我会"偷窃"爸爸和孩子之间的语言。

在和孩子分开生活的那五天时间里，孩子的宇宙又会发生多大的变化呢？上周末还吐字不清地说着"你哈"的

时而分开、时而一起，我们的休婚就这样持续着

孩子，这周突然清清楚楚地说出了"你好"。我欣喜若狂，一会儿抱孩子，一会儿拍视频，开心得合不拢嘴，还会让孩子多说几次，想再听一听。看着喜笑颜开的我，孩子也会跟着笑起来，从孩子嘴里说出来的话给我的感觉很陌生、很神奇，也令人惊讶。然而，"本周的单词"尤其令我目瞪口呆——"撒拿浴"。

"桑拿浴"是我也不怎么用的词，才五周岁的孩子居然会说"我们去撒拿浴吧"，不知为什么，有种奇妙的感觉。仿佛能看到这小家伙过去的踪迹。我不太喜欢去汗蒸房，因为一进到热汤池里，我就会感到头晕眼花。然而，直到那天晚上入睡之前，孩子都一直在问："撒拿浴呢？我们什么时候去洗撒拿浴呀？"没办法，第二天早上，我早起给孩子包好了紫菜包饭，然后又做了腐皮寿司便当，准备了洗浴用品，忙得不可开交。我提前搜索了设有儿童游乐场的汗蒸房，做好准备之后，我和孩子出发了！孩子欢天喜地，路上叽叽喳喳个不停，然而，牵着孩子的手走进浴池的那一刹那，我百感交集。

"唉，能和孩子一起去澡堂的日子，也就到今年为止了。"

他理直气壮地走进澡堂的样子真是很有意思，感觉这段

时间和奶奶一起去过好几次桑拿房。我依稀记得：孩子第一次去大众澡堂的时候，哭闹着不愿进去；有一次，看见一位阿姨背后有很多拔罐的印子，他感到害怕，黏在我身上不敢走；还有一次，我把孩子紧紧地搂在怀里，就像一只小猴子一样，才敢慢慢地走进汤池……现在，孩子自己在立式淋浴前静静地站着，淋着拍打在后背上的水柱，我将此深深刻印在心里。

我之前听说过单亲家庭的苦恼。例如，抚养女儿的单亲爸爸、抚养儿子的单亲妈妈，这些爸爸妈妈和孩子的性别不同的单亲家庭给我的印象尤为深刻。无法给上幼儿园的女儿扎漂亮头发的单亲爸爸；有两个精力充沛的儿子，需要全程陪伴玩互动游戏，然而完全跟不上节奏的单亲妈妈……这种日常生活中的苦恼，由于太过于普遍，反而给人一种并不寻常的感觉。如果抚养人与自己性别不同，孩子就无法去游泳馆或者大众澡堂。

年龄太小的儿童，肯定需要成年人的帮助，儿童独自一人解决问题不仅会感到力不从心，而且所处的环境也非常危险。如果我因为和儿子的性别不同，处于无法亲自照顾孩子的情况，那么我会是什么心情呢？不，如果仅仅是因为性别原因，那么由于情况较为特殊，我还能勉强吞下委屈、咽下泪水。然而，如果我自己一个人将孩子抚养长大，我还能和现在一样无忧无虑地欣赏孩子的行为和语言吗？

去年九月份，正是枫叶最漂亮的时候，为了讲课我去了一趟庆州①。由于各种各样的原因，我只能带着孩子一同前往。还好校方十分理解我，我也向住在釜山的亲弟弟请求了支援。因此，我顺利地完成了第一天晚上六点到九点的课程。校方还给我提供了宿舍，甚至担心我过意不去，安慰我道："老师，这次以女大学生为主要对象的课程主题不就是'事业与家庭的并存'吗？这里就是现场啊！"并给予了我无穷无尽的关怀。就这样，在两天一夜的日程即将结束之际，我带着孩子安安静静地坐在教室的后面。对于孩子的突然出现，学生们也感到非常开心，都很疼爱我的儿子，这让我非常欣慰，也很感激。

不知道是不是因为这种友好的氛围让孩子十分兴奋，朋友Y在主持结束语的时候，孩子突然闯到教室的前面。孩子走到平时很喜欢自己的"阿姨"身边，握住了她的手，此时Y似乎有些慌张、不知所措。我迅速地把孩子拉了回来，忽然间感到自己面红耳赤。恼羞成怒的我，将孩子拉到阶梯教

---

① 位于庆尚北道东南部的城市。

室外面的休息室里，冲他发脾气。我气得直喘粗气，孩子也因此痛哭流涕，他哭了好一会儿，之后就睡着了。我把熟睡的孩子一个人放在休息室里，再次走进阶梯教室。一些人问我孩子的去向时，我只能尴尬地笑着回答："孩子在休息室里睡着了。"我非常伤心，又感到自尊心受挫、丢人现眼，此时的我百感交集。

就在这时，Y作为主持人突然提出一个问题："来，大家猜一猜这两天给你们上课的老师们都叫什么名字？全部答对的小组，会拿到礼物哟！"

那一瞬间，我也惊慌失措了。我这次负责的是工艺课程，内容是"弦丝画"（String Art）。需要一组接着一组，在1个小时之内教完三组学生，因此时间非常紧迫，以至于我都顾不上自我介绍，只能十万火急地开始讲课，教大家制作手工艺品，学生们肯定不知道我的名字。我赶紧将这一事实告诉主持人："他们不知道我的名字！我还没有自我介绍呢。"

Y对着麦克风说道："大家都看到了吧？就像这样，妈妈是很难拥有自己姓名的。大家呢，以后不管是结婚还是生孩子，都不要丢失自己的名字哟。"

一瞬间，大脑里绷着的一根绳子"啪"的一声断开，我失去了理智。是的，我现在明白了这种从来都没有体会过的情感到底是什么。那就是：我只想作为一名讲师站在这里，然而我却将"妈妈"这一角色带到了工作岗位，还给在座的所有人展示一个母亲围着孩子团团转的样子。

事业与家庭的并存，是如此的艰难。我今天的所作所为，展现的并不是一个一丝不苟、面面俱到的"职场女强人"，而是一个坐立不安、牵肠挂肚的"大婶"，一股寒酸落魄的感觉突然向我袭来。没有必要挨骂的孩子，只因为在公共场合让妈妈丢人现眼，就被骂得惨不忍睹，最终在外面哭累而睡着了。别说是表现得像个专业人士了，我反倒直接把"一个孩子妈妈孤军奋战的过程"活生生地以现场直播的形式向学生们展现了出来。更重要的是，我是为了守住自己的名字才决定休婚并站在这里的，结果却被公开称为"丢失了自己名字的女人"。我现在到底在做什么呢？

Y并没有做错什么，应该是我脆弱的心灵在作祟，歪曲了事实而已。但是，我还是无法面对她。最终，都没有跟她打招呼，我就带着孩子离开了庆州。回家的路上，不知道为什么我特别想哭，眼泪止不住地往下流……我不想就这么回家，就去了大邱一个认识的姐姐家里。在那里我也哭了好一阵子，把喝完的烧酒全部吐出来之后，我昏睡过去。

我原以为是因为自己刚决定休婚，所以才会那样，然而令我没想到的是，过了很久以后，那天那种糟糕的感觉，在一个意想不到的时候，又一次向我袭来，我再次体验了一番那种尴尬和痛苦。

一月份的最后一周，为了迎接新年，我带着孩子和朋友们一起举办家庭聚会。这也是我休婚后第一次和这么多朋友见面，所以也非常期待。我想那天一定会是和朋友把酒言欢、谈笑风生的一天。然而，不知道是不是因为来到陌生的房子，孩子看到新玩具便不停地叫我，我不得不来回回地两边跑，以至于我在酒桌上无法集中精力。中途，孩子还因为想多玩一下玩具车，不断地使性子，最终哭闹起来。我很认真地训斥了孩子，甚至比只有我们俩在一起的时候还要严厉。等到孩子不哭了的时候，我出来一看，第一轮喝酒好像已经结束了。大家要么在看电视，要么就在玩手机。我只想尽快参与其中，边喝烧酒边和他们谈天说地，然而客厅里连个坐的地方都没有。我不得不坐在厨房的长椅上，手足无措地玩起了手机。

大概一个小时之后，我们开始了第二轮。朋友们无意间说的一两句话，顿时又让我感到憋屈——被我带过来的孩子，居然在这个地方成了受气包，我还总是在不知不觉间防着孩子。疲惫感和孤独感突然涌了上来，又是那种和在庆州时一样的感情，就像一颗炸弹一样砸向我的心脏。朋友们的担心，却被我误解了。我感觉我的眼泪立马就会夺眶而出。没有人给我使眼色，也没有人谴责我，只是我那脆弱的内心再一次自顾自地"缩"成了一团。

第二天，在回家的路上，我把孩子交给丈夫，比约定好的时间提前了一天，因为我只想自己一个人待着。回到家之后，我很快昏睡过去。睁开眼睛，已经是晚上十二点了。一位朋友打来两次电话，原来她在酒桌上一直观察着我的脸色。看到未接来电时，我突然热泪盈眶。夜深人静，又是一个独自痛哭流涕的夜晚。想到那些独自抚养孩子的妈妈，她们又会默默吞下多少泪水呢？

没有妈妈，或者没有爸爸的家庭，为什么会被称为单亲家庭呢？也许，对他们来说，自己拥有的并不是半个家庭，而是全部，只是这个社会将他们归结为"单亲"。

有一次，在接受"女性友好企业"的教育之后，公司里的朋友调皮地对我说道："你之前不是还带着孩子一起参加过研讨会吗？"然而，听了朋友的玩笑话，我却笑不出来。或许，单亲家庭的苦衷，并不是因为一些特殊的情况，也无关他人的视线与社会的评价,而是因为"自顾自地缩成一团"的我那颗脆弱的心。

时而分开、时而一起，我们的休婚就这样持续着

生活的感觉又重新出现

搬到大田之后才过了两个月，我就又回到忠清北道。我做出这样的决定是为了离孩子更近一点。由于租赁合同还没有到期，房东要求我再缴纳两个月的房租作为违约金，我为了省下这笔钱，费尽心思地寻找着下一个租客。来看房子的是一位和我同岁的男士，我跟他约定好会替他支付搬家费用之后，房子才得以租出去。

星期五，是我定好搬家的日子，不过那天我有两个课程安排，无法亲自做搬家准备。搬家师傅十分亲切地跟我说道："你不用担心，那天我会跟老婆一起打包搬家的，再把东西收拾好就行了，两个人一起弄的话也挺快的，放心吧。"就这样，我连搬家师傅都没见到，就搬完了家。晚上，下课之后，我从丈夫家里把孩子接了过来，急急忙忙地赶到新家。打开玄关门，新家以当时那个第一眼就吸引我的样子欢迎着我。在昏暗的房间里，我看到放得整整齐齐的箱子。装鞋子的箱

子，放在鞋柜的旁边；装厨房用品和碗碟的箱子，被放在厨房的角落里；装书的箱子，则放在书架的前面……能看出来搬家师傅是用心在帮我整理，他们的好意触动了我的心扉，我感激不尽，给师傅发了条短信表示感谢。

新家离孩子只有十五分钟的路程。在找房子的时候，我碰巧遇到这个坐北朝南的公寓，阳台很大，视野也很开阔。不过我并没有马上签合同，因为存在一个问题——这个公寓和大田的单身公寓完全不同，这里并没有任何必备的家用电器，保证金也是我担忧的事情。房东阿姨跟我说："我从来都没有收到过只有一百万韩元的保证金……"但还是欣然为我调低了金额，她还补充道，"听起来我的情况好像比你好一些，以后有什么需要花钱的地方就跟我讲吧。"然后，给我买了新的洗衣机、冰箱和煤气灶。就这样，我和这个家结下了缘分。

似乎每个人都有一个适合自己的"生活栖息地"。离开都市回到忠清北道，我的心情变得格外舒畅。不禁怀疑我是如何在釜山和首尔这两个大城市里生活了近三十年的。在这里，没有百货商店、电影院，也没有大型超市。梅花鹿四岁之前从来都没有见过地铁，或许根本就不知道什么是地铁，不然也不会在他刚好四岁的那年夏天，在第一次乘坐地铁之后，怕得哭着喊着要下车。

这里没有火车站。虽然有长途大巴，但线路也不够多样化。如果乘坐公共交通，根本就无法到达釜山的娘家。所以，我每次开三个半小时的车去娘家都是有理由的。要是想吃我喜欢的"岳家调味炸鸡"，就必须要乘车去镇里。反正，不管去哪里都要这样，去图书馆、传统市场或者超市，都一样。如果没有车，日常生活都会变得非常不方便。丈夫偶尔会向我炫耀道："公司里的同事们都说我长得像首尔人。"他自己并不知道这句话有多可笑，因为他就是土生土长的首尔人。在镇里的医院，听到护士的一句："你不像这里的人。"我嘿嘿地笑了起来。虽然无法用语言来表达"这里的人"到底意味着什么，但反正就是有那种感觉。因为这里是忠清道，是一个平淡无奇、默默无闻，并不出类拔萃的地方。不像首尔那般巍峨壮观、釜山那般富丽堂皇，也没有江原道那重峦叠嶂的山势和全罗道那脍炙人口的美食，这里是内陆中最小的地区——忠清道。这里什么都没有，却什么都有。

周末，为了庆祝搬家，我带着孩子来到镇里，打算和孩子一起去吃炸酱面①。我们去了一家以好吃闻名的中餐馆，

---

① 通常情况下韩国人搬家当天会吃炸酱面。

发现店里早已坐满了人。我用余光瞥了一眼,好像大部分客人都在喝一种碗里有一大块肉的汤。我问老板娘:"那是什么呀?"她面带微笑,用不怎么标准的韩语发音跟我说道:"你吃不了。"我想,这可能是不太适合韩国人的口味吧。按照原计划,我们吃了炸酱面,之后在小巷里溜达了一会儿。仿佛停留在20世纪80年代的小镇里,在这里安闲自在地闲逛,我突然感觉自己成为一位游客。

一堵老墙后面,能看到一座屋顶,破旧不堪的瓦片岌岌可危地贴在上面。三只小猫在屋顶上跑来跑去,听到了我们

时而分开、时而一起，我们的休婚就这样持续着

的动静，急急忙忙地逃到瓦片之间的缝隙里，飞快地躲了起来。"喵""喵喵"，我和梅花鹿对着屋顶，像小猫一样叫了一会儿，之后便迈开脚步转身离开了。一只鸟儿落在柿子树上，开始啄枯枝上挂着的仅有的两颗柿子。蔚蓝的天空、遒劲伸展的枯枝和挂在那枯枝尽头的两颗橙色的柿子，相映如画，我拿起手机拍了一张照片。生活的感觉又重新浮了上来。

另一种星期五

丈夫和孩子两个人约好周末去旅行，因此我的周末突然空了出来。借用朋友的话来说，到星期六为止我都是"自由之身"。我不知道该如何处理这突然空闲出来的时间，就这样迎来了星期五。

如果是平常，下午六七点我就会急急忙忙地离开办公室，去乘坐地铁。一个小时之后，我应该会到达首尔客运西站，再过一个小时，我会在忠清北道大所客运站①下车。之后我会开车十五分钟左右到达丈夫家，然后在到达前5分钟给丈夫打电话。大约十分钟后，我便会张开双臂紧紧抱住孩子，和丈夫简单闲聊几句后，把孩子抱上车。然后会开车去超市，购买周末要吃的食物——几个小菜和孩子想吃的一些零食，买完东西便开往我在大田的家。到家后，我会赶紧打开电热

---

① 忠清北道阴城郡大所面。

毯，让孩子钻进被窝里，再去开热水器。我和孩子都会换上舒服的衣服，然后一起玩"口腔医院游戏"和"美容院游戏"。各自再独处一段时间之后，我们会一起刷牙，然后关掉大灯，打开床头灯。我会让孩子去挑选今天他想看的书，然后紧紧靠在孩子身边，开始给他读书。在我给孩子读《喜欢吃冰激凌的狼》的过程中，如果出现冰激凌工厂的厂长，孩子就会一边指着插画一边唱动画片《白雪公主》里的插曲："嘿嚯——嘿嚯——我们回家吧！"每当读到这一段时，孩子就会唱起歌，我都听过五六遍了，随即我又会附和道："对哦，真的很像小矮人叔叔，是吧？"读到最后一页，合上书，我会关掉床头灯，孩子也会在他的位置乖乖地躺下。叽叽喳喳说个不停的孩子会逐渐进入香甜的梦乡，没过多久我就会听到孩子那有规律的呼吸声。就这样，星期五的时光在不知不觉中流逝。

一切就像早已编好的剧本一样，每个星期五我都会重复这些行为，然而这周却意外终止了，刚意识到这一点时我总觉得心里有些空虚。我决定自己回家看看书，不过到了星期五当天，这个计划就被我抛到九霄云外。我怂恿两个同事一起去喝了酒，我们谈天说地，聊公司、工作、人生，不知不觉间换了三个地方。其中一个朋友烂醉如泥，早已呕吐不止；

另一个朋友，为了喝酒把养的宠物狗暂时放在朋友家里，然后反复不停地念叨着"我想饺子（宠物名字）了""我好想饺子呀！"明明才过了六个小时……我呢，没有喝醉到呕吐，也没有想孩子，甚至还觉得这样的日子也挺好的。

第二天，等我睁开眼睛的时候，已经是下午一点钟了。似乎是睡了太久的原因，头开始疼痛不止。想到回家也没有什么事情可做，我决定干脆继续躺在朋友家里，游手好闲、无所事事。不起床、不洗漱、不吃东西，就这样享受着"可以什么都不做"的权利。不知不觉到了晚上六点，我想着"要不干脆明天早上再走吧"。这时，我突然想起昨天在市场购买的儿童睡衣。只有今天回家把睡衣洗了，明天孩子到家时才有得穿。只要是柔软的东西，孩子都非常喜爱。明天给孩子看这件睡衣时他该多开心啊！就这样，躺了十六个小时后，我终于起身了。

晚上八点，到了大所，我开始急急忙忙寻找餐馆，因为大约一个小时之前，我差点被担架抬到医院了。可能是一整天都没有吃东西的缘故吧，为了赶上长途大巴，我在地铁站里跑着上楼梯的时候，突然感觉到身体有点不对劲。那感觉就像四年前，我在上班的地铁里晕倒是一样的。

那天，我突然感到呼吸困难，有一股寒意从头到脚穿了

时而分开、时而一起，我们的休婚就这样持续着

过去，之后我就晕倒了。是的，就是低血压性休克，我的呼吸越来越急促。为了控制好自己的呼吸，我费劲地集中精神，但心脏好像也开始恣意妄为了，有种脖子被勒紧的感觉。我不自觉地一直往下拽针织衫的领子。每走一步，那些残留的意识也在一点点地消失。我的眼前一片模糊，就像出现故障的黑白电视机一样。看了一眼手表，距离发车时间还有三分钟。我在神志不清的情况下好不容易买好了票，向站台走去。

到了站台，吸了一口冷空气，感觉身体的状况稍微缓和了一些，但没过多久，我还是一下子瘫坐在地上。距离发车时间还有两分钟，我连抬起头的力气都没有，勉勉强强确认了一眼站台号码，是8号站台，然而我要去的是19号。不到20米的距离，给我的感觉却遥不可及。我没有信心仅凭自己走到那里，真的很想大声求救：快过来帮帮我，扶一下我。不过，我想即便是晕倒，最好也得在大巴里晕倒。迷迷糊糊的我便咬紧牙关走到了19号站台。一站到大巴前面，我不由自主地发出了呻吟："头好疼啊……"我没有力气走上台阶，站在车门前稍微闭了一会儿眼睛，之后才缓缓上了大巴。我的座位在后排，不过早已精疲力竭的我，直接一屁股坐在最前排。我用双手紧紧按压着眉头，闭上了眼睛，不过我依然感觉到呼吸困难，嘴里也不知为何多了一点血腥味。

四年前那股熟悉的寒意，好像停留在我的胳膊和指尖上。大巴准备出发的时候，我突然害怕了起来，感觉车里特别闷，闷得快喘不过气来。我纠结了一会儿到底该怎么办，要让司机帮忙叫一辆救护车呢，还是就在这里下车呢？就在这时，我突然想起来包里有一瓶电解质饮料，是一周前朋友送给我的。我在包里到处翻找，拿出饮料拧开了瓶盖，喝了一口，瞬间感觉它就像是"生命之水"。不过我依然感到头晕目眩，全身冰凉。身上的衣服也在束缚着我，这种感觉就像是被束腰紧身衣紧紧勒住身体一样，我心底不断涌出一种想把衣服全都脱掉的冲动。如果我在这里失去意识，身边的人会帮忙通知谁呢？是正在首尔郊区旅游的丈夫，还是平日里照顾我的朋友呢？如果丈夫看到躺在医院里的我，肯定会这么说吧："所以啊，叫你不好好吃饭。"如果是朋友，听到我的消息之后肯定会感到自责，然后善心大发，说以后我的一日三餐都由她来负责。想到这里，我闭上眼睛，意识渐渐模糊。

当我慢慢地睁开双眼的时候，发现已经到了大所站，可能我在不知不觉中睡着了吧。窒息的感觉早已消失不见了，头也不晕了，胳膊上那股明显的寒意也感觉不到了。我怕走起路来会再次出现之前的症状，下车之后就试着慢慢地挪动脚步，还好没有什么大问题。平日里我都会把车停在室外停

时而分开、时而一起，我们的休婚就这样持续着

车场，我坐在冰冷的车里开始搜索起附近的餐馆。来到餐馆，一份海鲜刀削面和一碗大麦饭，瞬间被我消灭得干干净净，我还开车去了面包专卖店，买了巧克力面包和墨汁面包，之后顺便去家门口的便利店买了水和牛奶，然后朝家赶去。

走进空了五天的房子，我发现屋里的空气比想象中的要暖和，不过地面却很凉。我依次打开了热水器和床上的电热毯。我没有打开房间的主灯，只是开了一盏台灯，之后便打开笔记本电脑。在洗衣机转洗衣服的时候，我开始整理收纳那些早已干透了的衣服。换上舒适的衣服，拿着面包和牛奶，我坐在笔记本电脑前。到底要写什么呢，是写重新搬回忠清北道的故事，还是写如何有效利用时间，又或者是写休婚期间迎来的结婚纪念日的事情？最后我还是决定顺其自然，想到什么就写什么。

好像没有孩子的星期五，也并没有想象中的那么空虚。关掉笔记本电脑，我拿了几本自己想看的书，滑进了暖和的被窝里。"啊，感觉真好！"

这一个陌生的星期五最终背叛了过去我所熟悉的星期五，给我一种全新的生活体验。

您的"开关"还好吗

星期一早晨,我刚送完孩子去幼儿园,回来的路上接到丈夫的电话。昨天晚上发生的事情浮现在我的脑海中:我们不停地争吵,伤透了对方的心;我对着电话大喊大叫,孩子则在一旁哭了起来;挂断电话后,我也没能控制住情绪。昨天晚上,我们一家人都被困在巨大的痛苦中……

事情是这样的,直到星期天下午,我才见到和爸爸一起去周末旅游回来的孩子。我给孩子吃了一点三明治和草莓作为零食,然后把"液体怪物"当作蛇,和孩子一起玩起"恶棍游戏"——这是最近小孩子们最喜欢的"热门玩具"。我会把黏糊糊的液体怪物扔在地上,开始尽情地表演:"是蛇!怎么办,妈妈好害怕呀!"孩子就会故作镇定,先让我安心,然后悄悄地走近液体怪物,乱踩一通,就这样孩子好几次"击退"了"蛇"。然而,前一天刚经历低血压性休克,一直都处于头疼的状况,我逐渐感觉到疲惫不堪。"妈妈先去那边躺一会儿哦。"我对孩子说完这句话后,便沉沉地睡去了……

不知道过了多久,迷迷糊糊听到远处传来的声音,我缓缓睁开了眼睛。孩子正在和丈夫打视频通话,好像是丈夫给我打电话,被孩子拿去接了。照射房间的最后一缕阳光,不知什么时候也收起了尾巴。突然从梦中醒来,我睡眼惺忪,身体沉甸甸的,有种重力直接压在身上的感觉。

"妈妈呢?在干什么呀?"

听到丈夫突然提到我,放松的身体一下子紧绷起来。就像发呆的小职员听到部长的声音吓得一激灵,沙哑的声音透过我干燥的喉咙,在嘴边发了出来。

"躺着呢。"

"什么?"

"我说在躺着呢。"

"饭呢?"

看了一眼时间,下午六点三十分。

"我给孩子吃了三明治和草莓。"

"三明治？"

"嗯，孩子说他想吃。"

一阵沉默。

我似乎能明白这阵沉默意味着什么。瞬间，我感到极其烦躁，气不打一处来。"那只是零食！我一会儿就给他做饭！"

"你爱烦就烦去吧！"我没有再附加这样的说明。虽然这就是我当时内心的想法。

丈夫立马把孩子叫了过来："梅花鹿，你不喜欢妈妈吧？是不是不想待在妈妈家里？要不要来爸爸这里啊？"

听了丈夫这莫名其妙的话，我混乱的头脑顿时清醒起来。然而，更让我无语的是孩子接下来的回答。

"嗯！"

就像是在来不及反击的情况下被一枪打倒了一样，背叛的感觉瞬间向我袭来。然而，父子之间的谈话却不停地打击着我。

"是吧，不喜欢妈妈吧，你想来爸爸这边吧？"

时而分开、时而一起，我们的休婚就这样持续着

"嗯！"

"那爸爸现在去接你。"

"来什么来！"我刺耳的尖叫声划破那夜色渐浓的天空，"为什么你做的每一件事都是对的，我做的都是错的？"突然想起三天前的事情，我瞬间怒火中烧。

三天前，星期四，丈夫说他要跟孩子去旅游，星期天才能回来，让我等他们回来之后再把孩子接走。当时我说："反正是星期六出发，要不星期五我跟孩子在一起，第二天早上再把孩子带到你那里吧。"然而丈夫却说道："周末去你那里一趟，总感觉孩子特别疲惫，不停地喊累，去旅游之前肯定得调整一下状态，还是我先带着孩子吧。"这又是什么风马牛不相及的话？

"你的意思是说我没有照顾好孩子吗？"

"我不是那个意思，就是客观地说，每个周末孩子从你那里回来，黑眼圈都会出来。"

呵！"有黑眼圈不就是随你的嘛！看看你小时候的照片，你也有黑眼圈，那照你这么说就是婆婆的错咯？"我们的对话，就这样变得越来越幼稚。丈夫总是认为自己完美无缺，

我却漏洞百出，然而明知道这样，我却再次被他设定的这一框架紧紧地套住了。

"平日里你带孩子的时候，知道我有多想说你吗？我要是跟你一样说这说那，你开心吗？"为什么我每次都会在相似的点被牵着鼻子走呢？他对能使我生气的"开关"了如指掌。我愤愤不平地向丈夫吼道："怎么，对孩子来说，我就是个不被欢迎的人吗?!"

每个人都有自己专属的"开关"，它是能让一个人勃然变色的一句话或者是一种行为。这个"开关"与大脑控制情感的部分直接相连，会麻痹掉理性的大脑，使人一旦受到刺激就会立即做出反应。我们总是会在不经意间按下对方的"开关"，然而并没有"取消"的按钮，按下去的那一瞬间，我们就会气急败坏、暴跳如雷，然后开始"受伤—防御—攻击"的流程。

大概是一个月前的某个星期五，恰巧是我们休婚以来的第一个结婚纪念日。到底要不要问问丈夫一起吃顿饭呢？我犹豫了好久。那天，在我把孩子接走后，丈夫还偏偏在原地站了好一会儿，直到我的车从他的视线里消失。他伫立在路灯下，被冷冷的白色灯光笼罩着，这个画面深深地留在我的心里。那天晚上，跟丈夫视频通话的时候，我说道："今天，不是我们的结婚纪念日吗？我本来很想给你买个智能手表的……但是太贵了，所以还是没买。""呵！"在丈夫那像是无奈的叹息一般的笑声里，我甚至听出了一点哭腔。莫名其妙地，我的眼泪也不自觉地流了下来。我们赶紧挂断了电话。结婚纪念日就这样过去了。接着迎来了圣诞节、年底、新年……明明有这么多可以一起吃饭的借口，但是我们终究没能一起吃一顿饭。

"不管怎样，在这种日子里两个人不应该一起吃顿饭吗？""为什么不跟丈夫一起吃饭啊？"当朋友这样问我的时候，结婚纪念日当天看到的那幅画面——路灯下的丈夫，在我的脑海里一闪而过。

"一起吃顿饭吧？"这句话一直在舌尖打转，然而最终还是被我吞到肚子里，没能说出口；上车前好不容易鼓起勇气，一口气说出了那句"明天要不要去吃寿司"，然而到了明天也没有再约定细节，就不了了之……其中的原因，或许就是怕被对方按下"开关"，也怕自己会按下对方的"开关"吧……

但是，就在昨天晚上，"开关"还是被按了下来。

就像没有糊窗户纸的木门被狂风暴雨刮得咯噔咯噔响，在心中刮起的寒风毫不克制地从嘴里涌了出来，我们恶语相向，丈夫直接挂断电话。愤恨和愧疚不断交织，我对孩子的失望更是难以言表。看着孩子一把鼻涕一把泪的样子，我也痛哭流涕地问道："你真的不喜欢妈妈吗？真的要去爸爸那里吗？"孩子上气不接下气地回答道："嗯。"

我猛地从床上站起来，走到厨房，留下哭泣的孩子，关上推拉门。到底为什么？一切都是那么的混乱。三十四岁的大人怎么可能产生被四岁的孩子背叛的感觉呢？也不知道这是不是身为妈妈能够拥有的情感。我现在的所作所为以及孩子的回答，都让我心烦意乱。明明三十分钟之前，我的生活还是平平淡淡、悠然自得的，现在却被丈夫搅得一塌糊涂。心底的脏话涌了出来，满脑子都是离婚的想法。

在我们休婚之前，站在离婚的"十字路口"，有人跟我这样说道："不要太担心了，不是说最近的离婚率是50％吗？就是这样的社会。所以啊，即便梅花鹿以后上小学了，在班级里应该也不算什么特殊的事情。""不管现在社会的离婚率是百分之几，对我的孩子来说就是百分之百啊。"我这样回答。

时而分开、时而一起，我们的休婚就这样持续着

隔着一扇推拉门，我发现听不到孩子哭的声音了。推开门一看，孩子趴在地上睡着了。傻瓜，推开门不就行了嘛……我一把将孩子抱了起来，慢慢走到床边，孩子醒了。我们默不作声地躺在床上，过了一会儿，我问孩子：

"真的不喜欢妈妈吗？"

"不是，我喜欢妈妈。"

"那刚刚为什么那么说呀？"

"妈妈生气的时候，我不喜欢。"

刚刚我可没生气，你却直接说不喜欢我的呀……我想继续追问，但想想还是放弃了。不讨厌妈妈，喜欢妈妈，真不知道这句话到底有什么重要的，但听到孩子的回答，我伤透的心开始愈合了。不管孩子对妈妈抱有什么样的感情，妈妈不就是无条件地给予爱和做出牺牲的角色吗？我感觉自己看到了母性的真实面目，不，应该是受到伤害的母性。想出去透透气，我们准备好之后出了门。坐在旁边的孩子突然跟我搭话："妈妈，爸爸怎么这样啊？是吧？"

我不由自主地看了一眼孩子的表情，很天真。虽然不清楚孩子的心思，虽然育儿书中明确写有："无论在什么情况

下都不能说爸爸的坏话。"然而我却回答说:"对啊,爸爸怎么这样啊,真是的。"奇怪的是,我的心情突然变好了。

昨天晚上的事情在脑中一闪而过,我静静地看着丈夫的来电。接还是不接呢,这是想再吵一次的节奏吗?我做了几次深呼吸,决定不管听到什么话,接电话时我都会尽量地保持冷静。

"……喂。"

"嗯……梅花鹿去幼儿园了吗?"

"嗯,去了啊……"

"……昨天梅花鹿哭了很久吗?"

"……哭了很久,我哭了很久,梅花鹿也哭了很久。"

"啊……对不起,真的。我不该那么说的……"

"我也是妈妈,周末你就放心地把孩子交给我吧。"

"知道了,对不起……"

时而分开、时而一起,我们的休婚就这样持续着

"开关"还在闪烁着。

"周末我不是带着梅花鹿和朋友们一起去旅游了嘛。其他孩子都是妈妈在旁边悉心照顾,只有梅花鹿没有妈妈,看得我非常心疼……我可能是……太伤心了,没忍住才对你发了脾气……"

闪烁的"开关"熄灭了。

夫妻之夜

天气逐渐变冷，不能再和孩子一起去野外游玩了。周末我怕孩子在没有玩具也没有电视的家里一直待着会觉得很无聊，所以连续两周，我都带他去了儿童咖啡馆。不过，即使去了那里，我也无法拥有属于自己的自由时间。因为孩子才四岁，为了安全起见，我得一直跟在他后面。更重要的是，孩子希望每时每刻都能和我一起玩耍。经过平日五天的高强度工作之后，居然还是不能休息，而是得看孩子……如果换作之前的我，在这种时候，会让孩子自己玩智能手机，我则在一旁眯一小会儿，然而现在的我却愿意为了孩子欣然出门，从这一角度来看，我的状态的确与休婚前截然不同。

没有休婚的时候，我们一家人会经常去露营、郊游。不去户外的周末，我们会在家里看之前没看过的综艺节目或者纪录片，我和丈夫会一整天都躺在床上，只盯着电视。这是

时而分开、时而一起，我们的休婚就这样持续着

出于一种补偿心理，毕竟在过去五天时间里我们各自付出了劳动，想要在周末进行一定的休整。

我呢，平日里会负责关于孩子的一切事务，从早上送孩子上学到晚上孩子睡觉为止，因此趁着周末，我也想摆脱这种"影子"劳动的束缚；丈夫呢，平日里无休止的工作早已令他疲惫不堪，肯定想通过周末尽量补充体力。那时的周末，我们会在家待一整天，直到太阳落山的时候，觉得不能一直待在家里，要出去走走，这时，我们才会慢悠悠地起身，前往超市。

然而今天实在太累了，我在不断地做着思想斗争，脑子里想着要出门去，身体却不由自主地贴近热乎乎的地板。迎着冬日的阳光，每当我昏昏欲睡时，孩子就会问我："妈妈，在睡觉吗？"我迷迷糊糊地眨巴着眼睛，心想："要不要给他玩智能手机呢？"

最终，我将无比沉重的疲劳感搁置在一边，站了起来，洗了个热水澡，感觉疲劳"因子"在散发着热气，慢慢地融化。"走吧！"我生怕会再躺下，就赶紧拉着孩子走出了房门。

星期日的儿童咖啡馆，真的是人山人海，非常热闹。里

面挤满了和妈妈或者爸爸一起来的孩子。我看到其中一个孩子在和爸爸一起玩沙子,顿时回想起了过去的事。

那是一个周末,我把丈夫和孩子留在家里,自己一个人出去办了点事情。不久之后,我收到丈夫发来的信息,是孩子拿着玩具玩耍的照片。原来,丈夫带着未满周岁的宝宝,两个人去了儿童咖啡馆。看着那略微不自然的画面,我不禁露出了笑容。当天晚上,丈夫见到我后故作委屈,假装哭着告诉我白天发生的事情。"咖啡馆里一眼望去都是孩子妈妈,就我一个是爸爸。跟孩子两个人在一起,我莫名其妙地有点畏缩,总感觉孩子穿的衣服也很寒酸……你知道吗?我真的顿时感受到妈妈角色的缺失。"

我不禁也想起另一天的事情。为期十天的冷战结束之后,我们为了和解约好去露营,一起去了忠清南道的长鼓港。坐在码头上,望着夜海中荡漾的渔船,一杯、两杯……我们喝起了酒。这十天以来,我带着孩子回了娘家,也可以说是"离家出走"。我们互相向对方吐露了这段时间的想法。

我一边给丈夫倒酒,一边说道:"你不在身边,感觉做什么事情都没有意义。"

丈夫也开口说道:"……这几天,我也什么都不想做。"

时而分开、时而一起，我们的休婚就这样持续着

"真的，没有任何欲望。"

接着，丈夫看着我，说了这么一句话："每天吵吵架也好，我们还是陪在对方身边吧。"

话还没说完，丈夫哭了，我也跟着哭了。但之后不久，我们还是休婚了。

"妈妈，妈妈！"

孩子的声音一下把我拉回了现实。我和孩子一起玩了"厨房游戏"，滑了滑梯，也在球池里打了篮球。然后，孩子再一次拉着我去了扁柏木区。那里填满了长宽各一厘米左右的小扁柏木块，而不是沙子。刚想进去的时候，发现早已在那里玩耍的一家人正看着我和孩子。他们是由爸爸妈妈和两个孩子组成的四口之家。坐在角落里，我和儿子用小铁锹铲起一些小木块，又扔掉，玩耍的时候，不知为什么，坐在旁边的一家人总能引起我的注意。在他们身上，我仿佛看到我们的影子。究竟是从什么时候开始的呢？又是从哪里开始出错的呢？

孩子未满周岁的时候，他会睡在自己的房间里，我们俩则睡在主卧。这是因为我有一个原则，夫妻俩必须要睡在同

一张床上。哄孩子入睡之后，我则会踮着脚小心翼翼地走回卧室，悄悄打开房间的门，躺在床上看电视的丈夫会向我招手，示意我快点过去。我就会顺势滑进被窝里，枕着丈夫的胳膊，一起看一会儿电视再进入梦乡。

不过，随着孩子越长越大，他开始不愿意和爸爸妈妈分开了。我们三个人一起睡在家庭床上的时候，也独有一份乐趣。我们经常会嘻嘻哈哈地调侃着："都怪他，我差点儿从床上掉下去""你快看看我这在床上只有巴掌大的位置。"然而，自从孩子有了儿童汽车床之后，睡觉的时候我们又会和孩子分房睡。只是，出现了与之前不一样的情况。过去，在哄孩子睡觉的时候，有时我也会跟着睡着，不过不管怎样我都会中途醒过来，回到我们的卧室继续睡觉。

然而现在，即使没有睡着我也不会回到卧室。嫌麻烦是其中一个原因，另外，我有时也会觉得丈夫看电视的声音很吵。每当这个时候，我会独自躺在黑暗里，用手机看漫画或者毫无意义地刷着网页。我很喜欢这种只属于我自己的隐秘时光。自然而然地，就演变成丈夫一个人睡在主卧，我和孩子两个人睡在孩子的房间里，这种生活方式延续了很长一段时间。然而，就是这件小小的事情，似乎改变了我的意识形态。有一天，在和丈夫聊天时，我说了一句："不是在你的房间里

时而分开、时而一起，我们的休婚就这样持续着

吗？"丈夫瞬间露出很荒唐的表情，反问道："你的房间？"刹那间，我意识到自己说错了话，不得不笑着纠正道："不是，是我们的房间。"

不久前，我看到了这样一则报道："最近年轻夫妻更偏爱分房睡觉。"内容是：重视独立性的年青一代，将客厅和厨房作为共用空间，各自在自己的房间里睡觉。这则报道的评论大致分为两种：一种是"各自都可以睡得很舒服"，另一种是"夫妻之间的亲密感可能会逐渐消失"。当我看到这则报道时，心想："也有像我这样的人呢，不仅分房睡，甚至跟丈夫分开居住，各睡各家，不知道有多舒服。"然而，在儿童咖啡馆里看到了一家四口之后，我突然意识到一个问题，也许分房睡觉对夫妻关系来说是非常危险的。

我沿着这种疑惑继续探索，最终发现问题的根源是房间。盖着同一床被子睡觉，究竟意味着什么呢？我的脑海里闪过了无数个夜晚：中途睡醒的丈夫，给我盖好被子的那晚；喝酒归来的丈夫，给假装睡觉的我梳理头发的那晚；在昏暗的夜色中看到丈夫熟睡的脸庞，我突然感到有点儿心疼的那晚；激烈争吵之后，我生怕丈夫冷，给丈夫多拿了一床被子的那晚……白天没能完全解开的、不成熟的心结，通过夜晚得到净化，也得到释放。也许，正是因为丢

失了我们之间曾经存在的那些夜晚，所有的问题应该都是从那时开始出现的吧。

时而分开、时而一起，我们的休婚就这样持续着

身边

我有一位熟人，虽然和她不是很亲近，但偶尔也会互相交流近况。第一次见到她的地方是"Gratiae 丛林"。有时，她会激动地给我打电话，和我分享生活：

"是炫，我弄到了非常好喝的茶，你能来咖啡馆吗？"

"是炫，今天'Gratiae 丛林'老板娘煮的咖啡，味道真的绝了，你现在在哪里啊？"

热爱茶艺和美术的她，在忠清北道镇川郡经营着一家英语学习班。她抚养着两个年龄相差很大的儿子。我时常认为她拥有独一无二、自由自在的灵魂，就像在西藏那蔚蓝的天空下随风飘荡的五颜六色的经幡。

有一天，在我们喝茶的时候，我听到一个惊人的消息。她说她要带大儿子去巴黎旅游，是为期两周的"旅行写生"。

如果只是她一个人去,我倒会认为这很符合她的风格。我没忍住,条件反射般地问了一句:"那老二呢?"

"阿姨会帮忙看的。"

"你丈夫不会说什么吗?"

"是他先提出来的呀,让我带老大出去玩一玩。"

对一个准备去旅游的人,我问出来的第一个问题居然不是"你要去哪些地方呀""有什么计划吗",我讨厌这样的自己。

"姐,你丈夫真了不起哦。"最终,我的喃喃自语,无意间暴露自己正被"家长式领导体制"所约束的现状。

我知道结婚之后一个人去旅游并不容易。尽管如此,我还是见到过丈夫的朋友独自去旅行。每当这时,丈夫会笑着对自己的朋友说:"你真是个男子汉,男子汉大丈夫。"意思就是,明明有家庭,你却胆敢独自去旅行,真是个胆大包天的人。我心想这有什么,又不是离家出走,只是去旅游而已,但也没有表露出来。

我之前对心理学非常感兴趣的时候,无意间发现了一个该领域专业人士的博客,我也向她咨询过各种各样的问题,就这样我和这位博士自然而然地结下了缘分。休婚前,年初的某一天,我与许久没见的博士一起喝茶的时候,她告诉我,她决定在九月份左右和朋友一起去西班牙巡礼。博士还说,现在预订飞机票价格最便宜。当博士问我"要一起去吗"的时候,我的脑海中最先蹦出来的回答却是"得先问问丈夫才行"。

这次旅行的主题是"时而分开、时而一起",听到这里,我突然感到心潮澎湃。我好想去,好想出去走走,好想一边旅行一边写作,好想拍照。我装作一副无所谓的样子,试探了一下丈夫:"事情就是这样,这两位女士准备去西班牙巡礼耶,是不是很帅气?要不我也去吧?"丈夫却看都不看我一眼,说:"别胡说八道了。"

其实,我不喜欢一个人旅游。我一直坚信,不管是吃到美味佳肴还是看到湖光山色,都要拥有能一起分享的同伴,快乐才会加倍。听说,在结婚之前,丈夫也曾经抱着一个人可以尽情钓鱼的想法,预订了七晚的民宿,最终却只钓了三天就回来了。自从结婚之后,我有时却突然想一个人漫无目的地走一走。然而,别说是两天一夜了,就连当天来回的短途旅行,我也很难向丈夫开口。如果把孩子全权托付给丈夫,我便会有负罪感；独自在外面兜风，享受闲暇时光，我也会感到愧疚；况且，即使说了丈夫肯定也不会允许。如果我说我想自己一个人出去走走，性格细腻且敏感的丈夫肯定会浮想联翩："有什么担心的事情吗？心里很乱吗？是因为我吗？"

休婚后，迎来了秋天，因为出差的缘故，我和另一位讲师一起在济州岛待了三天两夜。如果是在休婚之前，我连做梦都想不到会在这种工作日的时候出差。我坐在一家很有名的炸猪排店，透过窗户，看着蔚蓝的大海，不禁想起了丈夫。他也挺喜欢大自然和美食……身边没有丈夫也没有孩子，孤身一人在一座岛上，在这里我感受到的并不是休息、灵感和自由，取而代之的是思念、回忆和空虚。那天晚上，我给丈夫发了条短信："我来济州岛了，突然很想你。下次，我们一起来吧。"

又是一个没有履行期限的约定。

结婚之前那些认为未来理所当然会做的事情，总会以结婚为转折点而彻底改变。这一点从人类的基本需求——衣食住行开始体现：想吃的时候却吃不了；想睡的时候却睡不了；想玩的时候却玩不了；想工作的时候却无法工作。分明是因为喜欢在一起而结的婚，现在却觉得在一起是另一种劳动。

时而分开、时而一起，我们的休婚就这样持续着

"中午吃什么呢？""晚上吃什么呢？"每到周末我都会面对"三餐轰炸"，然后在星期日晚上，我就会开始制订第二天的计划。我要开始读之前没时间读的书，还要写文章！同时，我也会惆怅，因为丈夫还要上班，不在我身边。每当丈夫晚一点上班或者请年假的时候，我都会紧紧挽着丈夫的胳膊说："老公，我真希望你可以不用去上班啊。"

我经常会缠着丈夫要求一起去乡村生活。种个小菜园，大概到中午在一起喝一杯米酒，晚上在厚厚的锅盖上烤个肉。在躬着背干活的爸爸妈妈身边，孩子应该会蹦蹦跳跳地玩耍，或许也会尝试着帮助我们，即便自己并不熟练。孩子要是觉得很无聊，也可以养一只小白狗。丈夫是个喜欢玩器械的"鬼才发明家"，肯定会把旧卡车改造成露营车，想要从各个地方捡一些旧配件过来，那么他应该会需要一个大仓库。每天晚上，丈夫肯定会把我拉到仓库里去，炫耀自己一天的成果。我也会哈哈大笑着说："天啊，这些是怎么弄的呀？"

我们曾经认为，在偿还完全部家庭债务之后会迎来这一天。在休婚之前，为了带着孩子到乡村里生活，我还到忠清南道洪城郡进行过实地探查，之后我推荐丈夫去看一看介绍忠清南道洪城郡的纪录片。不过当时的丈夫，由于和我展开"攻防战"，显得疲惫不堪。我突然觉得现实非常可笑，梦

想也没有什么了不起的。

不久之后,丈夫在酒桌上回答这个问题:"不管是在一年之后,还是在两年之后,一旦整理好我们之间的状况,我们就去乡下生活吧。"这是我第一次从丈夫那里听到关于这个问题的正面答复。虽然按照目前的情况来看,或许也像我说的那句"下次我们一起来济州岛吧"一样,都是无法实现的约定。

现在的我,即使没有丈夫的允许,也可以去旅游,可以和朋友们喝酒到凌晨,也可以自主地做出选择。面对丈夫的怒吼,我也不用去进行反驳。重新回到了结婚前的生活状态,安闲自在,风平浪静。因为结过婚,所以我知道那些在婚姻生活中无法实现的日常有多珍贵,其中,最为珍贵的就是时间。

在婚姻生活中,留给我的时间是有限的,在一天二十四小时中,完全属于我的时间只有六个小时,貌似充分,却也不够用。和丈夫一起生活的时候,我有一个爱好,就是独自饮酒。我会一个人一边看综艺一边喝酒,并享受其中。然而,休婚之后,我却一次都没有自己一个人喝过酒。两个月前买的啤酒,到现在还在冰箱里。在婚姻生活中,我总感觉时间

时而分开、时而一起，我们的休婚就这样持续着

不是自己所能控制的，所以就浪费了很多。只要有一点点时间，我就想把它消遣掉，并享受当下的快乐。想独自去旅行，也是一样的道理，因为不能去，所以更想去。

自从进入婚姻这个奇怪的世界里之后，我开始走上"歧途"。无论怎么努力，我都无法走回"正途"，感觉世界的轴心截然不同。就像在倾斜的道路上不断地往下滑一样，我走路一瘸一拐，感觉两条腿好像都变得不一样长了。

走出那个"世界"之后，我渐渐感觉自己开始走回正轨，然而，有时却又想走一走"歧途"：当我和丈夫一起看的网络漫画改编成的电影即将上映的时候；在创业大赛上荣获最优秀奖的时候；无意间看到结婚后没怎么去过的"金枪鱼无限量提供的店铺"的时候；在市场找到了一家性价比超高的猪颈肉烧烤店的时候……我也想和丈夫一起去喝一杯。

青苹果

　　工作日里，由于没有照顾孩子的负担，我经常会去参加酒宴。虽说是酒宴，只不过是和一起工作的同事们下班后小酌几杯而已。在这种场合，我常常会很自然地扮演起主持人的角色。比如，在辞旧迎新的聚会上，我会轮流问大家："今年对各位来说记忆最为深刻的事件是什么？"接着我又会提议："大家一起思考一下对新年的期冀和愿望，慢慢闭上双眼，给自己一点时间将它铭记于心底并真诚地许下愿望。"其中在场的五六个人，还真的会闭上眼睛开始祈祷，他们为什么会这么认真地听我这"非专业"的主持呢？真是太可爱了。采访亲近的人时能感受到的那种乐趣，真的令人心潮澎湃。人也是由他人的各种看法构成的，我们常常会自以为很了解这个人，但这其实是缺乏依据的。我们只是通过这个人说过的话、做过的事以及行踪等，重新按照自己的想法来塑造这个人而已。也就是说，我们会仅仅通过自己所拥有的寥

时而分开、时而一起，我们的休婚就这样持续着

寥无几的信息来衡量和评价一个人，也误以为自己很了解他。电视剧里常用的台词，不就证明了这一点吗？

"你凭什么说你了解我？"

或者——

"那你觉得到底什么才是我该有的样子？"

在十年的时间里，变化的不只有江河湖海，随着时间的流逝，我们也会有所改变，这就是人生的乐趣所在。在三十五岁时采访二十岁时结交的朋友，甚是有趣。

有一回，采访的主题为"你珍藏在心底的梦想是什么"，给我留下了深刻的印象。这次，我的那些古灵精怪的朋友们依然一本正经地对待我的采访。

和我在一家创业公司上班的朋友，目前担任着销售的职位，她说自己的梦想是成为一名设计师。在一家广告公司担任着副部长的另一位朋友回答说："我的梦想是成为一名剧作家。"时隔十五年，我也终于知道大学同学的梦想，真是令人感慨。我们有时候会认为一个人和他的角色从一开始就是"配套"的，会在不经意间直接将其忽视掉。我们的父母，就是那个通常会被我们误解的对象吧？我们会错误地认为妈

妈本来就是这样生活的，以后也会一样，没有什么特殊的梦想，也没有一句怨言，就像是为了在此时此地扮演这样的角色而诞生的一样。你是否曾经怀疑过自己对爸爸妈妈的固有看法呢？

那天在酒桌上，我问了这样一个问题："大家的初恋是谁？"那么，"初恋"的定义又是什么呢？是第一次喜欢上的人、最爱的人还是无法忘记的人呢？随后，争论逐渐平息下来，我们也轮流敞开了自己的心扉。其中一位朋友好像沉浸在对初恋的回忆当中，似乎都忘记了自己三天前刚失恋的事情。终于轮到我了："我……呃，丈夫就是我的初恋。他一直在我的心里，不管怎样我都会想起他，如果我的生命到了最后一刻，我可能会最先给他打电话吧。"昏暗的灯光、20世纪90年代的流行歌曲、成堆的酒瓶……我嘟囔着，不知道为什么眼泪开始在眼眶里打转。

朋友说："给丈夫打个电话呗。"

"不行，那样的话现在这种感觉会烟消云散的。"

"为什么？"朋友们满脸疑惑。也许，我们的感情更加接近于又爱又恨吧……

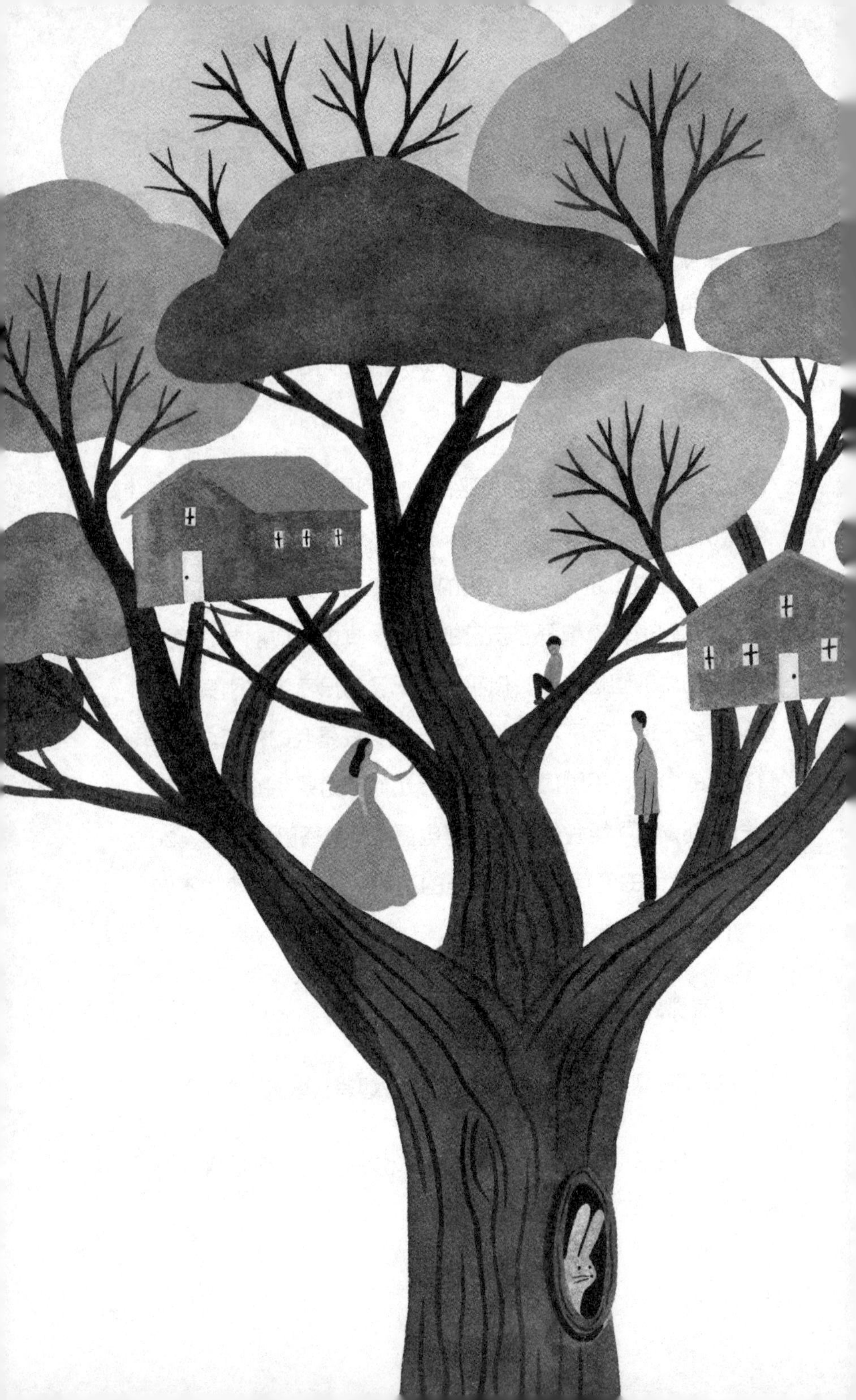

2013年6月,下着倾盆大雨的某一天,晚上八点,在地下一楼昏暗的酒吧里,女人对第一次见面的男人问了这样一个问题:"你的梦想是什么呀?"一瞬间,男人好像有点儿慌张,但又马上从容不迫地回答道:

"我想在自己的位置上,成为最厉害的人。"

女人认为所谓的"梦想",应该是比较宏伟的目标,比如年薪多少啊,想打拼属于自己的事业之类的,听到男人如此"朴素"的梦想,女人稍稍泄了气。一时不知道要说什么好,只是说了一句"这样啊,好棒"!

三天之后,男人向女人推荐了一部电影,叫作《壁花少年》(The Perks of Being a Wallflower,2012)。女人立马去看了这部电影,虽然没有什么特别的感触,但她还是装出一副喜出望外的样子,说真的很好看,隧道里的那个场景印象最为深刻。

第二次见面,男人牵了女人的手。这对男女坐在忠清南道河岸边的一段台阶上,呼吸着夏天夜里格外清新的空气。女人看着那潺潺东流的河水,对男人说道:"我们在一起吧,永远不要互相背叛。"

人们都说,互补的两个人更容易相爱。男人最看重的是"现在所处的位置",女人最看重的却是"我什么都想尝试",就这样,截然不同的两个人迅速坠入爱河。然后,就在那年冬天,他们结婚了。

两个人很合得来。他们都懂得享受大排档的浪漫;会在观看电影《爱情事件》(Love Affair, 1994)之后一起痛哭流涕;喜欢听爱情歌曲。从喜欢的装修风格到时尚、口味、爱好、幽默感,两个人的意见都是完全一致的。女人将这位与她不谋而合的男人形容为"频率相同的人"。

然而,一致的频率逐渐变成"平行线"的过程十分隐秘,如同水一点一点地渗入一望无际的土壤里。"我什么都想尝试",对于这样的女人,男人一再强调了"现在所处的位置"。因此,女人逐渐学会如何按部就班地生活,也开始在现处的位置做一些力所能及的事情:学习、读书、写作……

就这样过去了四年。与过去只靠梦想而生活的时候相比,在紧盯着"现在"而奔跑的这段时间里,女人所取得的成就要多得多。男人对女人的事业给予全面的支持。然而,女人却莫名地感到有些空虚。女人已经做出很多成就,现在想拿出成就中的一个"小碎片"来谈论自己的"未来":"我现在想用这个'小碎片'来做这种事情,也想做那种。"但我却无处可以诉说。

女人觉得,自己想抬头看向彩虹,男人却总让她低头看看大地。比起谈论梦想,男人似乎更愿意谈论家庭和稳定。这让女人快乐生活的原动力逐渐枯竭。女人一提到新的挑战、新的朋友或者崭新的未来,男人就会露出不高兴的神色。有时,也会因为这个问题发生争吵。男人会大喊:"你未来的规划里究竟有没有家人?!"

女人觉得,跟男人的聊天越来越枯燥无味。之前和男人喝酒时,女人总是滔滔不绝,然而现在却逐渐演变成听众。为了不和男人吵架,女人开始注意措辞,自然而然变得不爱说话了。以前那健康、充满魅力、提供灵感的男人,逐渐在女人的意识深处变成"老头子"。最终,女人觉得比起两个人在一起,独处的时间更加让人安闲自在。她开始要么写文章、看网络漫画,要么什么都不想,一边看着综艺,一边独自喝酒。

几天前,在钟路的一家猪蹄店里。

"都说婚姻是这样的,不是和自己最爱的人结婚,而是

时而分开、时而一起，我们的休婚就这样持续着

到了该结婚的年龄时，和那时遇到的人结婚。"

我一边啃着猪蹄，一边跟J说道。J刚结束一场谈了两年的恋爱。

J这样反问："那结过婚的你，是怎么认为的？"

这时，K亲切地纠正了这句话："什么叫'结过婚'？她现在还处于婚姻状态呢！"

提出问题的J，露出吃惊的表情，装作一副用手拍打自己脸颊的样子。我哈哈大笑着，抱着蒙混过关的想法，把回答这个问题的机会"让"给了另外一个朋友N："你不也是吗？只是因为现在到了该结婚的年龄，所以才说要跟女朋友结婚的吧？"

成为我的替罪羊的N，用力瞪着眼睛，回答道："不是啊，我是因为爱她才要结婚的呀！"

朋友们满脸不屑，好像根本就不值得听一样，齐刷刷地拿起了酒杯。

"他不才处了一个月嘛。"

我确实是因为爱丈夫才和他结的婚。如果问我现在爱情去了哪里？那么，要讲的故事就很长了。在场的6个人当中，就我一个人是已婚，剩下的都是未婚。我不想为了解释自己那不怎么完美的婚姻和爱情观念而浪费大家的时间。以结婚为转折点，对方的优点会变成缺点；曾经因为我说的那句"不要互相背叛"，被我深深迷住的男人，现在却吵着要和我闹离婚；明明说爱着对方，却不想一起生活，这种奇怪的现象，我到底该怎么解释呢？到底什么是爱情，什么是婚姻？我真是百思不得其解。

在休婚前的一个夏天，伯父对我说过这样一段话：

"我跟你伯母一起生活了四十五年。去年，我们关系不好的时候，差点儿都要离婚了。不过，生活就是如此。一起生活了四十五年，爱情的种子才慢慢地生根发芽，但是一旦没能忍住，在第四十四年的时候分开，肯定无法理解爱是什么。就像是把青色的苹果当成苹果，吃了一口发现不好吃，就直接扔掉了一样。青苹果明明只有在成熟之后，才能成为真正可口的苹果。关于'爱是什么'这一问题，即使科学家、哲学家、文学家、艺术家们解释了一大堆，写出了整整一本书的内容，也比不上我们亲自去体会。那些吃过苹果的人，即使不能准确地描绘出'苹果是什么'，他自己也是心知肚明的。这一过程可以称为'领悟'。即使他人说尽了道理，最终也只能靠自己的经历才能领悟。"

婚姻也好，丈夫也罢，目前对我来说都是"青苹果"。本以为爱的味道就是这样，差点儿就要扔掉，然而，我还是将它放在仓库里保管了四年。如果有一天，我从仓库里悄悄拿出"苹果"，催它快点儿成熟，那个时候的我，到底能不能接受变成红色的"苹果"呢？

今天，我看到了另一句关于婚姻的箴言：

"婚姻的另一方，不是最爱的人，而是那个能爱到天长地久的人。"

2017年9月2日 D-25，"那天"

"老婆，星期天我要出差。"

我看了一眼日历，丈夫出差的前一天，是星期六，也就是大田市民演讲大赛的决赛日。之前受主持人K的委托，我指导过学员们一些演讲的方法，这一天可以说是学员们充分展示自己实力的决战之日。

我说："那天是演讲比赛的决赛日……我得去参观。"

"出差前一天，起码得一起吃顿晚饭吧。"丈夫说道。

明明我的日程安排在先啊……我忍住了自己想说的话，"那我……晚饭前回来吧"。最终以我的妥协结束了这场"谈判"。

星期六，我乘坐长途大巴前往大田。坐在大巴里，我分别给十位入围决赛的参赛者写了感谢卡片。公寓管理事务所所长、韩服设计师、年迈的、照顾着患病妻子的一家之主、刚成为幽默讲师的青年、退休的教师爷爷……和他们一起度过的时光虽然不长,但仿佛就发生在昨天。那一天,主持人K打来了电话,问我能不能给学员们示范一下十五分钟的演讲,就这样我们相识了。

那天培训结束之后,在回家的路上,我给丈夫发了条短信:"老公,我好像真不适合赚钱,虽然今天一分钱都没赚到,但我怎么还是觉得这么有意思啊!"对于那些比我年长的人生前辈来说,我的年龄应该跟他们的女儿相仿,他们倾听着我说的每一句话,一字不漏地做了笔记,也问了我很多问题。我对他们心生敬佩,在这期间我也得到了宝贵的人生经验,虽然并不能说清楚到底是什么。有些培训,可以让我在短时间内倾注很多感情,这次就是其中的一次。所以我想对每一位参赛者都致以最诚挚的感谢。

除了演讲大赛以外,在大田观众媒体中心里还同时举办着其他丰富多彩的活动,早已热火朝天。我穿过人群走进大礼堂,我的座位在最前面。每一位学员都以演讲者的身份登上了舞台,打上聚光灯的那一瞬间,这里就变成了只属于他们"一个人的舞台"。丢人的是,我哭得居然比参赛者的家属们还要厉害。所有的颁奖仪式都结束了，大家都准备去聚餐庆祝的时候，我说："我就先回去了，明天我丈夫还要出差。"大家都纷纷拦着我："你特意从那么远的地方过来，吃完饭再回去呗。""不是说丈夫出差嘛，又不是你出差。"

我犹豫了一会儿，给丈夫打了电话，告诉了他这边的情况。出乎意料的是，丈夫跟我说想玩就玩吧。我心想，奇怪，这人突然怎么回事啊，就反反复复问了好几遍，到底是不是真的。得到了确切的答复之后，我开心地大喊了一句："丈夫让我玩完再回去！"在场的所有人都拍手叫好。

大约过了两个小时之后，晚上九点，丈夫打来了电话。

"喂？"

"你可真厉害啊！"

丈夫说话的时候，舌头都在打结，他晚上跟我说过在跟公公婆婆一起吃烤肉，还给我发了孩子的照片，结果好像喝醉了。

丈夫的声音从手机里传了出来。那一瞬间，在场的所有人突然都变得十分安静。我急忙调低了手机音量，装作若无

时而分开、时而一起，我们的休婚就这样持续着

其事的样子，说出了一句："嗯，是的，我一直很感谢你。"想赶紧挂电话，然而我的尝试却以失败告终。

就这样，丈夫那句兜着圈子数落我的话，清清楚楚地传进了大家的耳朵里。我惊慌失措，强忍着愤怒和羞愧，静静地等待着挂断电话的时机。然而，当听到丈夫的那句"那你出去爱怎么过就怎么过吧"，我没能忍住，最终大喊大叫了起来："那你不想让我玩，一开始就说不愿意呗！明明都跟我说了没关系，为什么还总像这样在背后捅我一刀？！"

那天，我喝酒喝到了接近深夜十二点，主持人K给我报销了车费。在乘坐出租车回家的那一个小时里，我的脑海里产生了无数种想法。晚上打电话的时候，我明明说了一句"不要再说了，旁边有很多人"。丈夫却对我的话充耳不闻，继续耍酒疯。那时，我感觉自己赤裸裸地站在大家的面前。我感到非常困惑，在同样的情况下，如果我和丈夫性别互换，我是男人，当初这件事情有可能发生吗？

那天，我回到家，发现家门口的锁的密码被换了。第二天，丈夫狠狠地瞪着我，怒不可遏地喊道："老公要出差，你一个女人，胆敢出去喝酒？"

休婚之后，我去了一趟伯父家。好久没有去过了，自从上次拜访之后，过了两个蝉鸣的夏季，这次去的时候下着雪，应该是时隔了近一年半吧。伯父和伯母小心翼翼地向我询问了我和丈夫之间的关系，我给他们讲述了六个月前的"大田事件"。伯母惋惜地说道："唉……那你早点回家多好呀。"

"这是结婚五年以来的第一次，我甚至还得到了'允许'呢。"虽然这样辩解，但我也知道是没有用的，因为在他们的心里早已有着"男人可以，女人不可以"的想法。接着伯母又补充道："如果J（堂哥）的妻子挣不到几个钱，还天天忙于外面的社交，我也会让她待在家里的。"

有一次，还发生了这样一件事情。我需要去拍摄电视台综合频道的节目，拍摄的日子还偏偏是我和丈夫发生激烈争吵的第二天。那天，我看到准备去上班的丈夫拿走了车钥匙，就赶紧跟了过去，并说道："今天我要去拍摄节目，我得用车。"丈夫只是静静地看着电梯门，心急如焚的我再次催了一下丈夫："我说，我今天得去工作。"

丈夫只是扭过头来看着我，问道："你那个也能叫工作吗？"

我的日程会被丈夫认为是无关紧要的，而他的工作则更为重要，我在日常生活中处处会遇到这种情况。就拿上次的事情来说吧，我的日程明明是几周之前就早已安排好的，然而丈夫的出差只是六天前安排的。

如果我的事情是私事，那么丈夫的出差被优先考虑我也能理解，但我的事情也分明是公事啊。

"聚餐也算公事吗？"如果有人这样问，我会一字不差地告诉他那句男人最爱说的一句话：**"聚餐也是社会生活延长线上的一部分。"**

为什么会认为女性的事情与男性的事情相比没那么重要呢？有什么根据吗？暂且不谈工作的真正意义，我也无法赞同伯母和丈夫的观点，原因很明确，如果说这样认为的根据在于金钱，那么我们是不是也可以这样理解：无数一家之主的存在意义也仅仅是因为金钱。把一家之主的权威全部寄托在赚钱的行为上，那么在退休之后，他们的地位是否就会沦落为无法赚钱的"故障机器"呢？

1982年出生的丈夫和1948年出生的伯母，两个人的"语言"非常相似。我也很难摆脱这种"语言"——"你丈夫不会不开心吗？""你丈夫说没事吗？"类似的话语我也说了不计其数。根深蒂固的"封建家长式文化"，形影不离地存在于两代人的心里，他们也是通过这样的"语言"来教我们成长的。

一些同时代的女性，会认为这样不正常，尝试着消除"你一个女人，胆敢"这种"语言"。虽然我不太了解女权主义，但是有一点我可以肯定，仅仅由于我"胆敢"挑战了丈夫的权威，不尊重丈夫的出差，把我自己的工作放在了首位，便会和丈夫发生激烈的争吵，其结果就是我一个人从家庭中分离出来。如果毫无疑义地接受这存在着微妙差距的男女角色，那么，在"好妈妈"的照顾下，长大的儿子就会以各种各样的方式歧视他人；在"好妈妈"的照顾下，长大的女儿就会跟妈妈一样受到同样的歧视，并且还不知道这是一种隐性的暴力。

听到大田的事件，有些人可能会咂舌。我似乎也能听到你们的惋惜声，"怎么就不忍让一下，委曲求全嘛"。尽管如此，至少对我和儿子来说，我还是觉得休婚是一件值得庆幸的事。等以后儿子长大了，我一定会向他说清楚当时年轻的父母分开生活的理由。我会说，妈妈很后悔自己过去的所作所为，就像在"大田事件"中，不能堂堂正正地说清楚妈妈计划的日程，还得在进退两难之际尽力去配合爸爸的日程。我还会说，妈妈确信，即使没有发生"大田事件"，之后也会发生类似的事,到时候妈妈和爸爸肯定也会做出同样的选择,总有一天,妈妈会反抗你爸爸常说的那句:"我朋友的妻子都不这样,你怎么就不一样呢?"

结 语

每当需要抛掉烦恼和忧虑的时候,我就会开始写作。那些应该被抛掉的"残渣"一个个都"沾"在我的文章上,因此,我的文章里多了很多沉闷且抑郁的内容。如果不写作,我都不知道该怎么战胜这偶尔找上自己的"空虚感"。不管怎么说,不写作的日子比写作的日子要多。我活得足够失败,也活得足够好。

通常,我们会把"离婚"称作"婚姻的失败"。不过,离婚也只不过是一种解开姻缘结的方法而已,休婚也是如此。我在本书的序言中写了这样一句话:"这并不是一本建议大家

结语

休婚的书。"休婚八个月后，现在，我想推翻这句话，在某些情况下我建议大家休婚。

为什么之前我会误以为如果离开丈夫，我的人生就会坠入深渊呢？明明结婚之前，我都是毫不畏惧地面对生活的，然而为什么经历婚姻生活之后，我却变成如此胆小的人呢？一个人从人生的"主演"退居为"配角"的过程十分隐秘。我就是在婚姻中渐渐地开始低估自己的存在感和能力。不过，这里所说的能力指的是能够活出自己人生的那种人类固有的生存能力，而不是指学历、外表、资历、已婚等社会上衡量人们的"尺度"。

有一个很奇怪的现象，在婚姻中女性会变得越来越低估自己，并把丈夫视为自己的依靠。其实，这也没有错。因为在现在这个社会，一边抚养孩子一边工作，确实是一件很困难的事情。因此，在夫妻两个人当中，通常是女性会更多地负责抚养孩子的工作，并在一定程度上依赖自己的丈夫。

刚开始，人们会以母爱的伟大来赋予母亲照顾孩子这种劳动的意义，然而随着时间的流逝，照顾孩子这件事逐渐会被视为廉价而容易的付出。人们总会在潜意识里以赚钱来衡量他人的能力，并认为"相对来说没有能力的人"会留在家里。因为留在家里看孩子的人大部分都是女性，久而久之，无论是在生活中还是在家庭中，女性都会成为配角。

我觉得，当认为孩子不再需要太多照顾的时候，夫妻可以通过有意的休婚来各自承担起自己那一部分的人生。我认为休婚是婚姻的"间隔年（gap year）"，这对新婚、中年、初老或者陷入危机的夫妻来说，都是必要且有益的时光。即使有些辛苦，我也建议大家从家庭中"分离"出来，试着以社会成员的身份独立生活。

休婚是思索，同时也是面对。对于那些一直认为与自己无关的角色，我们要多加思索，也要勇敢去面对。就拿我来说吧，我目前就正在体验着一家之主和单亲妈妈的角色，虽然还略显笨拙。

说起来有些惭愧，在结婚之前，我没有按时缴过税。我好像一直对纳税没有什么概念，每次都是拖欠很长一段时间之后，才会一次性缴纳。还好我当时是自己挣钱自己花，经济方面也没有出什么问题。结婚之后，我发现丈夫每个月都会按时缴纳税金，我理所当然地将一切纳税工作都交给丈夫。不过现在的我，和丈夫一样，也养成按时缴纳月租和税款的

结语

习惯。因为我意识到一个问题，就是一旦逾期，会影响到我接下来一个月的生活。

刚结婚生子的时候，丈夫才三十二岁。当时他的年龄比现在的我还要小，丈夫身为一家之主还要维持一家人的生计，应该是这种恐惧感让他不得不养成这样的习惯。每个月拿到工资，丈夫都会在当天直接处理好所有的开支。由此工资的三分之二就会瞬间消失，丈夫肯定也会感到空虚、不舍，不过即使这样，只要有需要支付的钱，他一刻都不会耽搁。现在，已经成为一家之主的我，似乎渐渐明白了一点儿丈夫的心理。

尽管如此，我还是想小心翼翼地坦白：工作确实比照顾孩子简单得多。像我这样的情况，作为"留守妈妈"，工作和照顾孩子之间的界限通常会以平日和周末为标准，对此我感到十分庆幸。不是有这样一句俗语嘛，"男人下班回家，女人回家上班"。暂且不谈母性的存在与否，工作之后还要照顾孩子，真的是一种重体力劳动。每当这时我就会想起丈夫，因为下班回来之后他都会照常陪儿子一起玩耍，周末也会自觉地打扫卫生、准备饭菜，帮我分担了许多压力。

几天前，我看了一部日本电影，《明日的我与昨日的你约会》（My Tomorrow, Your Yesterday, 2016），在看电影的过程中，我也不自觉地想起了丈夫。他只是在追求平凡的幸福而已，现在却因为我而在绕远路。想到这里，我哭了好久。

之前我在和朋友们一起举办的年终聚会上，感受到无比的孤独，这使我完全理解了丈夫按下我"开关"的那天的心情。在一群朋友之间，他肯定也有和我一样的感觉。我开始一点一点理解他……

每到周末，我和孩子会变成单亲家庭。一旦参加各种聚会活动，包括同学聚会，我只能带着孩子一起参加。这不是一件容易的事情。虽然，参加聚会是我自己做出的选择，再怎么吃苦我也无话可说，但是，如果没有丈夫和公公婆婆的帮助，让我一个人全权负责照顾孩子，我还能说出"建议你们休婚"这样的话吗？肯定是说不出口的。

在工作和照顾孩子的问题上，当今的社会体系让我们两边都无法完全集中精力，我敢大胆预测，目前正充分经历着残酷现实的我，说不定会沦落到极度贫困的境况。如果唱着"熊爸爸、熊妈妈、熊宝宝"的儿子，突然跟我说："妈妈，

结语

我们家没有熊爸爸,对吧?"那么,我是否会感到伤心、不知所措?还是感到对不起孩子呢?我认为"爸爸参与授课活动"和"妈妈参与授课活动"都应该被取消,我们应该去寻找更好的活动名称,比如"监护人参与授课活动"等。我开始逐渐注意到那些自己在休婚之前从来都没有想到的范畴之外的世界。

搬到忠清北道之后,我就对孩子说这里是"妈妈的家",而不是"妈妈的办公室"。丈夫看了看我搬进来的公寓,开始担心起奇怪的问题:"这也太像一个家了……"也就是说,确实不能再把它叫作"妈妈的办公室"了。

对于丈夫"不想让孩子知道爸爸妈妈分开生活"的这种想法,我认为可能会对孩子产生不好的影响。因为这样做的话,很有可能让孩子认为爸爸妈妈分开生活是一种"应该被隐瞒的事情"。我想顺其自然地告诉孩子,这并不是一件错误的、应该被隐瞒的事情,而是一件自然而然、有可能会发生的事情。这段时间以来,孩子似乎也成长了不少,会开开心心地来,开开心心地走。

有一天,我在玄关处发现了一只小蜘蛛,瞬间全身起了鸡皮疙瘩,我尖叫了起来。听到我的尖叫声,孩子急急忙忙从房间里跑了出来。我一边安抚着无法平静下来的心,一边给孩子递了纸巾。"梅花鹿,你快去抓抓那个,你能抓到吧?"孩子接过纸巾,用一副不可思议的表情看着我。我突然非常想念丈夫。我强忍着一身的鸡皮疙瘩,亲手抓了蜘蛛,扔进马桶冲下水之后,还是打了一阵寒战。

休婚之前,一直以来都是丈夫按时扔垃圾,甚至让我以为这是他的爱好,然而,现在我会自己去垃圾分类回收站。我还第一次清洗了那个每次都是丈夫清洗的吸尘器滤网,可以说是开始逐渐进入生活。

Y去欧洲旅游了,为期两周。她二十多岁的时候曾在一家大企业的土耳其分公司工作过,所以经常会跟我说她非常想念当时的土耳其。她说,这次会途经土耳其前往西班牙。我让她尽情去享受二十多岁时的年轻的、回忆里的土耳其,并抱着"云满足"的心情送走了朋友。两周之后,Y抵达了仁川机场,我问了她关于旅游的感想。

"去了之后,没有感觉到当年的那种心情。去之前,我也非常担心一个人怎么旅行,但是真正去面对时,又感觉没什么大不了的,就像期待和恐惧都是虚像一样。"

休婚和旅行很相似,都能给我一个让自己的"宇宙"变

结语

宽的机会。我原本以为这些是理所应当的权利,其实也并非如此。现在的我,很感激自己的生活能力没有退化,开始用和从前不同的态度对待人生。

是的,休婚是活生生的"生存"。也许,休婚会使你从"配角"退居为"陌生人",而不是晋升到"主演"。尽管如此,我还是希望如果有必要你会选择一步一步踏上"休婚"这一"旅程"。不是都说,旅行是为了回来才离开的吗?

最近,我们的休婚在逐渐朝我想象的方向发展。我与公公婆婆的交流时间变得比之前更长了,我偶尔还会要来各种各样的小菜和泡菜。我还会在"丈夫家"吃一顿便饭。春节期间,我带着孩子一起去了釜山娘家,丈夫给我发了一条信息——"路上小心",后面还加了一个爱心。不知道是喝醉了还是点错了,有点难为情,我都差点笑出声来。

时隔近8个月,我们三个人再次来到了唐津,这里是我们以前经常会来玩的旅游胜地。丈夫笑着跟我说:"我从朋友那里听到你要出版书的事情,都不给我分点稿费,为什么还总写我的故事呀?"我们相互分享了最近听的音乐,还一起静静地听了一会儿。"好想忘掉烦恼,去一次春川啊。"我默默地记下了丈夫说的话。我和他一起喝了6瓶烧酒,玩得很愉快。一起度过两天一夜之后,我回到家里,开始洗那些充满大海味道的衣服。过了一会儿,收到丈夫发来的信息:"一模一样。"那是一张照片,照片里的我和孩子居然用一模一样的姿势睡觉,如出一辙。"扑哧",我笑出了声。两周之后,我们又去旅游了。

五月份的一个星期天,是久违的晴天,碧空万里。我和孩子两个人一起去了公园。将席子铺在一平方米的草坪上,开始悠闲自在地享受着阳光,直到下午六点多,我们才收拾好离开了。拿起手机一看,丈夫发来了信息。我凝视了那条信息好一会儿,不,我其实是在凝视那条信息背后的丈夫。

我差点儿都忘了。

是我强行把你拉进我的人生里的。

其实你一直都在你的生活里,没有变过……

对不起,也谢谢你。

我们的休婚,在我看来就像雾中的剪影一样,也许有一天,雾会逐渐散去,轮廓逐渐明朗。目前的我对工作产生了一点儿追求,所以暂时还想维持"留守妈妈"的生活。只不过,周末回去的地方不是"我的家"而是"我们的家",因为对

结 语

孩子来说这似乎是一个更好的家庭形态。

不管怎样,现在,我还想在休婚的旅程上稍微偷一会儿懒。